KB262449

인도네시아어
대화 읽기 중급

아울리아 주내디 저

문예림

| 저 자 | 아울리아 주내디/ Aulia Djunaedi |

- 학사-수라바야 대학교-경제 학과/S1-/Universitas Surabaya-Ekonomi Manajemen.수라바야 도시/Kota Surabaya
- 석사-우송 대학교-TESOL MALL-영어 교육 학과/S2-Universitas Woosong-Pendidikan Bahasa Inggris. 대전/Kota Daejeon
- 박사-충남국립 대학원-영어 교육 학과/S3-Universitas Nasional Chungnam- Pendidikan Bahasa Inggris

경험 / Pengalaman

- 인도네시아 선생님(시간제/아르바이트) 우송대학교 2006-2007
- 인도네시아 선생님(시간제) 한국타이어 2010-2011
- 인도네시아 선생님(시간제) 롯데그룹 2010
- 인도네시아 선생님(시간제) 제일제당 그룹 2011-2012
- 인도네시아 선생님(시간제) 수원 이주민 센터 2011-2012

  Email : oliayippie@gmail.com

  Facebook : Aulia Djunaedi

| 번역자 | 이승혜, 윤현숙 |

- 이승혜
  한국외국어대학교 말레이인도네시아어과 졸업
  인도네시아 Padjadjaran University 국문학(인도네시아 어문학)과 수료
  한국외국어대학교 국제지역대학원 동남.남아시아학과 졸업
  현 상지대학교 외래교수 / 현 인도네시아어 통번역사
- 윤현숙
  한국외국어대학교 / 말레이-인도네시아어과 졸업
  한국외국어대학교 일반대학원
  동남남아시아어문학과 / 말레이-인도네시아문학전공 졸업

인도네시아어 대화 읽기 중급

초판 1쇄 인쇄 : 2012년 12월 5일
초판 1쇄 발행 : 2012년 12월 20일

저　자 : 아울리아 주내디
발행인 : 서 덕 일
발행처 : 도서출판 문예림
등　록 : 1962. 7. 12 제2-110호
주　소 : 경기도 파주시 회동길 366 (10881)
전　화 : (02)499-1281~2
팩　스 : (02)499-1283
http://www.bookmoon.co.kr
E-mail : book1281@hanmail.net

ISBN 978-89-7482-697-0(13790)

KATA PENGANTAR

I Seiring dengan meningkatnya hubungan antara Indonesia dan Korea maka kebutuhan untuk dapat berbahasa Indonesia dengan fasih juga meningkat. Memang sudah banyak terdapat buku bahasa Indonesia tetapi kebanyakan untuk pemula dan semua dalam teks bahasa Indonesia. Oleh karena itu, buku ini diperuntukan untuk orang Korea yang kemampuan berbahasa Indonesianya tingkat menengah selain itu buku ini disusun untuk membantu pengajar dalam menyampaikan materi.

I Buku ini terdiri dari 33 topik, setiap topiknya mengandung lima sampai enam bagian pengajaran. Bagian pertamanya merupakan ice breaker. Disini para pelajar saling berbagi pengalamannya tentang suatu topik. Pada bagian ini para pelajar menggunakan background knowledge atau pengalaman mereka akan suatu topik. Aktivitas ini berguna untuk mempersiapkan ke bagian berikutnya yang merupakan membaca. Disini para pelajar berlatih kemampuan membaca mereka. Para pengajar bisa menggunakan terjemahan bahasa Korea kepada para pelajar untuk membandingkan kemampuan reading comprehension mereka tanpa melihat bahasa ibu mereka dan dengan melihat terjemahannya. Di bagian bacaan ini selain terjemahan berbahasa Korea, juga disertai dengan penjelasan kata-kata sulit dari bacaan yang diantaranya dilengkapi dengan kalimat-kalimat sebagai contoh. Setelah itu terdapat beberapa pertanyaan untuk menguji kemampuan pemahaman atas isi bacaan.Setelah itu terdapat bagian kosakata yang bersangkutan dengan topik. Bagian percakapan baik formal maupun informal dan dalam dua bahasa yaitu bahasa Indonesia dan bahasa Korea.

I Kalau saya boleh berterus terang, saya masih tergolong awam dalam penulisan buku berbahasa Indonesia untuk orang Korea. Tetapi, saya mempunyai segudang pengalaman mengajar bahasa Indonesia dan saya tahu betul apa yang disukai dan diperlukan baik orang Korea sebagai pelajar dan orang Indonesia. Saya ingin mengucapkan terimakasih sebesar-besanya atas partisipasi teman-teman saya dalam sharing foto dan mengambil foto-foto khusus untuk saya. Saya menyadari bahwa buku ini masih memerlukan beberapa perbaikan. Karena itu, saran dari anda sangat kami butuhkan sebagai masukan untuk edisi yang akan datang. Terimakasih.

Aulia Djunaedi,
Korea Selatan, 2012

머리말

I 인도네시아와 한국의 관계가 더욱 진전됨에 따라 유창한 인도네시아어 능력에 대한 필요성도 함께 높아졌다. 이미 많은 인도네시아어 교재가 있지만 대부분이 입문 학습자를 위한 용도이며 모두 인도네시아어 텍스트로 구성되어 있다. 그로 인하여, 본 교재는 인도네시아어 능력이 중급 레벨인 한국인 학습자를 위한 것이며, 그 외에도 본 교재는 학습자료를 전하는 데 있어서 교수진을 도울 수 있도록 구성되어 있다.

I 본 교재는 33개의 주제로 이루어져 있으며, 각 토픽은 5개 혹은 6개 부분의 학습(pengajaran)을 포함하고 있다. 첫 번째 부분은 아이스 브레이커이다. 여기에서 학습자들은 특정 주제에 관한 경험을 서로 나눌 수 있다. 이 부분에서 학습자들은 특정 주제에 관한 그들의 경험 혹은 배경지식을 사용할 수 있다. 이 활동은 다음에 이어지는 '읽기/독해' 형태의 부분을 준비하도록 사용된다. 여기에서 학습자들은 그들의 읽기 실력을 연습한다. 교수진들은 학습자들에게 그들의 독해실력을 비교하기 위하여, 그들의 모어와 번역물을 확인하지 않는 방법으로 한국어 번역물을 사용할 수 있다. 이 독해 부분에서 한국어 번역물 이외에, 또한 독해 부분에서 어려운 단어의 설명이 함께 첨부되며, 이 중 문장의 예들이 함께 구성된다. 그 외에, 독해내용에 대한 이해능력을 테스트하기 위한 몇몇 질문을 함께 확인할 수 있다. 이어서, 주제와 관련된 어휘부분이 구성된다. 인도네시아어와 한국어, 즉 두 언어에 있어서의 공식적 대화 혹은 비공식적 대화 부분이 이루어진다.

I 좀 더 설명하자면 나는 여전히 한국인을 위한 인도네시아어 교재를 집필하는 것에 있어서 평범한 일반인에 속해있다고 말할 수 있다. 그러나, 나는 이미 인도네시아어를 가르친 여러 경험을 갖고 있으며, 학습자로써 그리고 인도네시아인으로써 한국사람에게 무엇이 필요하고, 흥미를 느끼는지 잘 알고 있다. 나를 위해 사진을 함께 공유해 주고, 찍어준 친구들의 참여에 진심으로 감사의 말을 전한다. 본 교재는 여전히 여러 개선해야 할 부분이 있음을 인지하고 있으며, 그렇기 때문에 우리는 다음 개정판을 위하여 독자의 제안과 의견을 매우 필요로 하고 있다.
감사의 말을 전하며.

아울리아 주내디
대한민국, 2012

CONTENTS

인도네시아어
대화 읽기 중급

1

Berbagi Cerita

1. Apakah anda sering berpergian dengan pesawat terbang?
2. Biasanya anda suka naik pesawat terbang apa? / Biasanya anda naik apa?

◉• Bacaan

Bandar Udara Internasional Soekarno-Hatta

Sumber dari Wikipedia

Bandar Udara Internasional Soekarno-Hatta (IATA> CGK, ICAO> WIII) merupakan sebuah bandar udara utama yang terletak di kota Jakarta, pulau Jawa, Indonesia. Bandar udara ini diberi nama seperti nama Presiden Indonesia pertama, Soekarno, dan wakil presiden pertama, Muhammad Hatta. Bandar udara ini sering disebut Cengkareng, dengan kode IATA-nya, yaitu CGK.

Terletak sekitar 20km barat Jakarta, di Kota Tangerang, Banten. Operasinya dimulai pada tahun 1985, menggantikan Bandar Udara Kemayoran (penerbangan domestik) di Jakarta Pusat, dan Halim Perdanakusuma di Jakarta Timur. Bandar Udara Kemayoran telah ditutup, sementara Bandar Udara Halim Perdanakusuma masih beroperasi, melayani penerbangan charter dan militer. Terminal 2 dibuka pada tahun 1992. Bandar udara ini dirancang oleh arsitek Perancis Paul Andreu, yang juga merancang bandar udara Charles de Gaulle di Paris.

Bandar Soekarno-Hatta memiliki 3 terminal utama. Terminal 1 untuk semua penerbangan domestik kecuali penerbangan yang dioperasikan oleh Garuda Indonesia dan Merpati Nusantara Airlines, dan Terminal 2 melayani semua penerbangan internasional juga domestik oleh Garuda dan Merpati.Terminal 3 selesai dibangun pada tanggal 15 April 2009. Terminal 3 ini selesai nantinya akan dipergunakan oleh Maskapai penerbangan berbiaya murah.

http://d.wikipedia.org/wiki/Bandar_Udara_Internasional_Soekarno-Hatta

수카르노하타 국제공항

출처 : Wikipedia

수카르노하타 국제공항(IATA: CGK, ICAO: WIII)은 인도네시아 자와섬의 자카르타 시에 위치한 주요 공항 중 하나이다. 이 공항의 이름은 초대 대통령과 부 대통령의 이름인 수카르노와 무함마드 하타에서 따온 것이다. 이 공항은 종종 쯩까렝이라고 불리며, IATA 코드는 CGK이다.

자카르타 서부 약 20km 지점인 반턴의 땅그랑시에 위치해 있다. 1985년에 운영되기 시작하였고 자카르타 중부에 있던 끄마요란 공항(국내선 항공)과 동부의 할림 뻬르다나쿠스마 공항을 대체하였다. 끄마요란 공항은 이미 폐쇄된 반면 할림공항은 여전히 운영 중에 있고 개인예약 및 군대의 운항을 서비스하고 있다. 제 2 터미널은 1992년에 개항하였다. 이 공항은 파리 샤를 드골 공항을 설계한 프랑스 건축가인 폴 안드레가 설계하였다.

수카르노하타 공항은 3개의 주요 터미널을 가지고 있다. 1 터미널은 가루다 인도네시아와 머르파티 누산타라 항공이 운영하는 항공편을 제외한 모든 국내선 항공을 위한 터미널이다. 제 2 터미널은 모든 국제선 및 가루다와 머르파티 항공사가 운영하는 국내선을 서비스한다. 제 3 터미널은 2009년 4월 15일에 완공되었다. 3터미널은 완공되고 나면 저가항공사가 이용할 예정이다.

◉• Kosakata Bacaan

㉾ Bandar = 항구, 공항.

㉾ Penerbangan = ⟨pe-an⟩ penerbangan : 비행, 비행기로, 비행의 제반문제 ; (Kata Dasar = terbang : 날다, 비행기를 타고가다) ; Contoh : Burung camar terbang kesana kemari. 갈매기가 여기저기 날라다니고 있다.

㉾ Domestik = 국내 ; (Kata lain = lokal : 넓은 공간, 지엽적인) ; Contoh : 1) Volume gas domestik naik sehingga mencapai 60% dari total volume perione 2005-2010 ; 2) Pendapatan petani kentang lokal menurun karena datangnya kentang-kentang impor dari negara lain. 국내 감자농장주들의 소득이 수입품으로 인해 줄어들고 있다.

㉾ Beroperasi = ⟨ber-i⟩ beroperasi : 작업하다, 작전을 수행하다 ; (Kata Dasar = operasi : 수술, 작용, 운전, 조작) ; Contoh : Sudah lama saya ingin operasi plastik. 오래전부터 저는 항상 성형수술을 하고 싶었습니다.

㉾ Melayani = ⟨me-i⟩ melayani : 봉사하다, 시중하다 ; (Kata Dasar = layan : 시중들다) ; (pelayan = 점원, 웨이터, 시중드는 사람 ; pelayanan = 서비스, 시중, 봉사) ; Contoh : 1) Saya pernah menjadi pelayan di restoran ini ; 나는 이 식당에서 웨이트리스로 일하곤 했다. 2) Pelayanan di hotel ini buruk dan tidak profesional sekali. 이 호텔의 서비스는 매우 나쁘고 전문성이 없다.

㉾ Carter = 임대하다, 대여하다 ; Contoh : Kami akan ke Bali dan menyewa mobil charter-an. 우리는 발리에 갈거고 임대차 빌릴거에요.

㉾ Dirancang = ⟨di-⟩ ; (Kata Dasar = rancang : 기안하다, 기획하다, 디자인하다) ; Contoh : 1) Desain Gucci memang klasik. 구치 디자인이 고품격적인 입니다 2) Saya suka hasil rancanganmu karena itu saya ingin bekerja sama denganmu. 당신의 디자인을 좋아해서 같이 일하고 싶습니다.

㉾ Dipergunakan = ⟨diper-an⟩ ; (Kata Dasar = guna : 기능, 용도 ; ⟨ke-an⟩ kegunaan = 유용, 사용).

㉾ Berbiaya = ⟨ber-⟩ : mempunyai biaya ; 비용, 원가, 가격 ; (Kata Dasar = biaya : 가격, 경비, 원가, 비용).

1. Nama Bandara Soekarno-Hatta berasal darimana?
2. Apa nama lain dari Bandara Soekarno-Hatta?
3. Bandara Soekarno-Hatta ini letaknya dimana?
4. Siapa nama arsitek yang membangun Bandara Soekarno-Hatta ini dan darimana asalnya?
5. Ada berapa terminal Bandara Soekarno-Hatta?

◉• Kosakata di Bandara Udara

1. Penerbangan Internasional 국제선	9. Prosedur naik pesawat 수속하다
2. Penerbangan domestik 국내선	10. Naik Pesawat / Boarding 탑승하다
3. Pesawat Terbang 비행기	11. Berangkat 출발하다
4. Pramugari 승무원	12. Tiba / Sampai 도착하다
5. Pilot 파일럿	13. Tempat duduk 좌석
6. Paspor 여권	14. Bagasi 수하물
7. Tiket Pesawat Terbang 항공권	15. Melapor 신고하다
8. Tujuan 목적지	

◉• Percakapan

Pegawai Penerbangan	: Selamat Malam. Tolong paspor dan tiket anda.
Myoung Su	: Ini paspor dan tiket saya.
Pegawai Penerbangan	: Nama anda Myoung Su Lee? Dari perusahaan D?
Myoung Su	: Ya, benar. Nama saya Lee Myoung Su, saya karyawan D.
Pegawai Penerbangan	: Ada barang atau koper untuk ditaruh dibagasi?
Myoung Su	: Iya ada. Hanya satu.
Pegawai Penerbangan	: Tolong naikkan disini. Beratnya 15kg, Pak. Apa isinya, Pak?
Myoung Su	: Buku, pakaian, dan sepatu.
Pegawai	: Nomer tempat duduk anda 5B. Silahkan menunggu di pintu 8 paling lambat 15 menit sebelum pukul 8.
Myoung Su	: Terima kasih.

항공직원	: 안녕하세요. 여권과 항공권을 보여주세요.
이명수	: 네, 여기 있습니다.
항공직원	: 당신 성함이 이명수 입니까? 'D' 회사로 왔습니까?
이명수	: 네, 맞습니다. 제 이름은 이명수 입니다.
항공직원	: 부칠 짐 아니면 여행 가방이 있으세요?
이명수	: 네, 하나만 있습니다.
항공직원	: 여기에 올려 놓으세요. 15kg. 가방 안에 무엇이 들어 있습니까?
이명수	: 책, 옷과 신발이 들어 있습니다.
항공직원	: 좌석번호는 5B. 8시 전에 15분까지 8번 탑승구에서 탑승하세요.
이명수	: 감사합니다.

Naik Taksi

Berbagi Cerita

2

1. Apakah anda sering berpergian dengan taksi?
2. Kalau anda naik taksi sendirian, biasanya anda duduk didepan atau dibelakang?

◉ Bacaan

Sejarah Perusahaan Taksi 'A'

Jauh sebelum Jakarta berkembang menjadi kota metropolis taksi 'A' telah mulai beroperasi. Awalnya, pelanggan taksi 'A' hanya orang-orang kaya dan di kota-kota besar tetapi sekarang sudah banyak orang berpergian menggunakan taksi. Taksi 'A' menjadi pelopor pengenaan tarif taksi berdasarkan sistem argo, serta melengkapi seluruh armadanya yang ber-AC dengan radio komunikasi. Untuk mempertahankan kualitas pelayanan, perusahaan pun membangun sejumlah bengkel khusus untuk merawat armadanya. Setelah sukses berbisnis di layanan taksi reguler, dan taksi *limousine*, serta usaha sewa mobil, taksi 'A' kemudian mengembangkan usaha bus carter. Setelah lebih dari dua dekade, taksi 'A' kini memiliki 18 divisi utama.

택시 'A'의 역사

　수도인 자카르타가 대도시로 발전하기 오래 전에 택시 'A'가 운영되기 시작했습니다. 처음에 택시 'A'의 고객은 돈이 많은 사람들과 큰 도시에 사는 사람들 뿐이었습니다. 하지만 지금은 많은 사람들이 택시를 사용해서 통학합니다. 택시 'A'는 요금체계와 무선 통신, 에어컨 등을 장비한 택시계의 개척자였습니다. 무선 통신과 에어컨의 전체 함대를 장비 할 수 있습니다. 서비스의 품질을 유지하기 위해 회사는 정비소를 만들었습니다. 일반 택시, 리무진 그리고 렌터카 사업에서 성공한 후에 택시 'A'는 전세 버스 사업을 개발했습니다. 약 20년 후에 택시 'A'는 18개의 주요 부서가 생겼습니다.

㉿ Berkembang = ⟨ber-⟩ 발전하다 ; 펼쳐지다 ; (Kata Dasar = kembang : 개발 ; 꽃) ; Contoh : 1) Anak kecil tidak boleh bermain kembang api 어린 아이들에게 불꽃놀이 하는것을 허용하지 않았다 ; 2) Yunita adalah kembang desa Wonokromo. 유니타는 오녹로모 마을의 공주이다.

㉿ Metropolis = 대도시 ; (Kata Lain = metropolitan : 대도시 ; 대도시 주민 ; 도시인) ; Contoh : Dia lahir dan besar di kota metropolitan 그는 대도시에서 태어나고 자랐다.

㉿ Awalnya = ⟨-nya⟩ 처음에는 ; (Kata Dasar = awal : 시초 ; 처음) (Kata Lain = mulanya).

㉿ Pelopor = 개척자 ; 선구자 ; (Kata Lain = pendiri : 창설자 ; 설립자).

㉿ Armada = 함대 ; 선대.

㉿ Bengkel = (자동차, 자전가 등의) 정비소.

㉿ Merawat = ⟨me-⟩ 돌보다 ; 보살피다(Kata Dasar = rawat : 돌보는 대상 ; 간호) ; Contoh : Sus Tuti merawat saya waktu saya masih kecil 투티씨는 나를 어릴때부터 돌봐주었다 ; perawat = 간호사 ; Contoh : Di Indonesia sekarang kursus perawat menjadi trend besar. 요즘 인도네시아에서는 간호사학교가 성황 중이다.

㉿ Usaha = 사업 ; 장사 ; (Kata Lain = bisnis : 비즈니스).

㉿ Dekade = 10년.

㉿ Memiliki = ⟨me-i⟩ 소유하다 ; (Kata Dasar = Milik : 소유, 권리) ; (Kata Lain = mempunyai ⟨me-i⟩ 가지고 있다 ; 지니다).

◉ Pertanyaan-pertanyaan mengenai bacaan

1. Pada tahun berapa Taksi 'A' mulai beroperasi?
2. Fasilitas apa saja yang dimiliki oleh taksi 'A' ?
3. Mengapa taksi 'A' sampai mendirikan bengkel tersendiri?
4. Apakah bisnis taksi 'A' hanya terfokus pada taksi?
5. Berapa divisi yang dimiliki Taksi 'A' sekarang?

◉ Kosakata-Taksi

1. Taksi 택시	9. Putar balik 유턴
2. Supir 기사	10. Lalu lintas 교통
3. Macet 막히다	11. Jalan penyeberangan 횡단보도
4. Argo 아르고	12. Jembatan penyeberangan 육교
5. Ongkos 비용	13. Cepat-cepat 빨리해 주실래요.
6. Jalan terus 직진	14. Hati-hati 조심해 주세요.
7. Belok kiri 좌회전	15. Arah 방향
8. Belok kanan 우회전	

◉ Percakapan(1)

Penumpang ： Tolong ke Taman Mini Ancol, Pak.
Supir Taksi ： Baik Pak.
                (Diperjalanan macet)
Supir Taksi ： Macet lagi macet lagi.
Penumpang ： Jam pulang kantor kan, Pak?
Supir Taksi ： Tapi sepertinya ada yang lain, Pak.
                Oh darah dimana-mana. Ya ampun anak itu...
Penumpang ： (Ketakutan) cepat Pak cepat jalan. Aduhhh kasihannya.
                Kenapa tidak ada ambulan ya, Pak?
Supir Taksi ： Pasti ambulannya datang terlambat karena macet ini.

기사 : 어디로 가시길 원하세요?

승객 : 가융 사리 바랕 3가로 가주세요.

기사 : 제가 그 지역을 잘 몰라요. 방향을 가르쳐 주실 수 있으세요?

승객 : 물론이죠. 거기가 제 선생님 댁이거든요. 여기에서 그 큰 교차로까지 쭉 진진하다가
      오른쪽으로 우회전 하면 돼요. 그 이후에 인도마트가 보일 때까지 계속 직진하세요.
      (이동하는 길에).

기사 : 죄송합니다.

승객 : 괜찮아요 기사님. 인도마트 이후에는 좌회전하시고, 왼편에 카센터가 보일 때 쭉 직
      진해 주세요.

기사 : 알겠습니다.

◉ Percakapan(2)

Supir Taksi ： Mau kemana, Bu?

Penumpang ： Tolong ke Bandara Soekarno-Hatta, Pak.

Tolong bukakan bagasinya, Pak.

Supir Taksi ： Baik, Bu.

Bu, saya lewat jalan Adhiyana ya supaya lebih cepat.

Penumpang ： Terserah Bapak. Saya percaya saja kepada Bapak.

기사님 : 어서 오십시오. 어디로 갈까요 손님?

고객님 : 수카노 하따 공항으로 가 주세요. 트렁크에 실어 주시겠습니까?

기사님 : 네 손님.

손님, 안디카 길로 가면 어떨까요? 그 길로 가면 더 빨리 도착할 것 같습니다.

고객님 : 기사님…. 편한대로 하세요. 제가 그냥 기사님을 믿을게요.

Berbagi Cerita

3

1. Apakah anda sering memakai angkutan umum? Angkutan umum apakah yang sering anda pakai? Kenapa anda sering memakai angkutan umum tersebut?
2. Apakah anda tidak pernah mabuk diperjalanan?

●● Bacaan

ANGKUTAN UMUM JAKARTA

Anda pasti tahu bukan kalau Indonesia sangatlah luas. Baik beragam penduduknya, pakaian istiadatnya, rumah tradisional, dan bahkan angkutan umumnya. Jika anda ke Indonesia, anda akan terheran-heran ada beberapa kota menggunakan dokar (kereta kuda) sebagai salah satu alat transportasi. Berikut saya ingin menceritakan tentang beberapa angkutan umum di Jakarta dan beberapa kota besar lainnya.

Ojek, ini adalah salah satu alat transportasi yang sering digunakan di Jakarta. Angkutan ini seperti taksi, hanya rupanya adalah sepeda motor. Tarifnya tergantung jarak, situasi lalu lintas dan kepintaran anda dalam menawar. Bajaj, angkotan ini juga banyak terdapat di Jakarta. Karena bajaj ini ukurannya cukup kecil hanya sekitar 2 sampai 4 penumpang bisa diangkut. Angkot, alat transportasi ini ukurannya agak besar bisa memuat sekitar 7 sampai 11 orang. Mikrolet ataupun metro mini, kedua angkutan umum ini ukurannya jauh lebih besar daripada angkot. Dan yang terakhir yang paling besar adalah bis tentunya, bisa memuat lebih dari 40 penumpang.

Sekarang marilah kita mengupas transportasi-transportasi di kota-kota lain yang unik ; becak dan dokar. Becak merupakan alat transportasi unik, bentuknya seperti kombinasi kereta dan sepeda. Di mana supirnya berada dibelakang mengayuh pedal agar becak melaju. Bentuk becak dabeberapa daerah agak berbeda, ada yang bentuknya mengarah keatas dan ada pula yang lebih kecil dibanding beberapa daerah lainnya. Dokar, ini adalah semacam kereta kuda. Sekitar 4 orang dewasa bisa naik dokar ini. Sepengetahuan saya, dokar bisa ditemukan di kota Jogjakarta dan Bali.

자카타의 대중교통 수단

당신은 인도네시아가 매우 넓은 지 분명히 알지 않는가. 종족, 풍습, 전통 가옥이 다양한 것처럼 대중교통 수단도 그러하다. 당신이 인도네시아로 간다면, 당신은 몇몇 도시에서 운송수단 중 하나로써 2륜 마차(마차)를 사용하는 것에 대해 놀랄 것이다. 이어서 나는 자카르타와 몇몇 기타 대도시들의 대중교통 수단에 대해서 이야기하고자 한다.

오직, 이 것은 자카르타에서 자주 사용되는 운송수단 중 하나이다. 이 운송수단은 택시와 같으며, 단지 모양만 오토바이이다. 요금은 거리, 교통상황 그리고 당신의 가격흥정 능력에 따라 달라진다. 바자이, 이 운송수단 또한 자카르타에서 많이 찾아볼 수 있다. 바자이는 크기가 매우 작아서 약 2명에서 4명 정도의 승객만이 탑승할 수 있다. 앙꼿, 이 운송수단은 크기가 다소 커서 약 7명에서 11명까지 탑승할 수 있다. 미끄롤렡 혹은 메트로 미니, 이 대중교통수단은 크기가 앙꼿에 비하여 훨씬 크다. 그리고 마지막은 가장 큰 버스인데, 이는 40명 이상의 승객을 태울 수 있다.

이번에는 독특한 다른 도시들의 운송수단들에 대해서 알아보겠다. : 베짝과 2륜 마차. 베짝은 독특한 운송수단 중 하나이며, 모양은 마차와 자전거를 합쳐 놓은 듯한 모습이다. 운전사는 뒤에서 베짝이 속력을 내도록 페달을 밟는다. 베짝의 모양은 몇몇 지역에 따라 다른데, 위를 향한 모습을 하고 있는 것과 다른 지역들에 비하여 크기가 작은 것도 있다. 2륜 마차, 이 것은 마차의 한 종류이다. 이 2륜 마차에 약 성인 4명이 탑승할 수 있다. 내가 아는 바로는, 2륜 마차는 족자카르타와 발리에서 볼 수 있다.

◉• Kosakata Bacaan

◈ Terheran-heran = 〈ter-〉 아주 이상하게 느끼다 ; 아주 의아해하다 ; (Kata Dasar = heran : 이상하게 느끼다 ; 놀라다) ; Contoh : Hasil penemuannya membuat banyak kalangan terheran-heran. 나의 발명은 많은 사람들을 놀래켰다.

◈ Tarif = 비율에 따라 적용되는 요금.

◈ Kepintaran = 〈ke-an〉 영리함 ; 총명 ; (Kata Dasar = pintar : 영리하다 ; 총명하다) Contoh : Kepintarannya memang luar biasa. 그는 정말 천재다.

◈ Memuat = 〈me-〉 담고 있다 ; 싣고 있다 ; (Kata Dasar = muat : 담다 ; 채우다 ; 수용할 수 있다) ; Contoh : Gedung konser ini bisa memuat 20.000 orang. 이 공연장은 2만 명을 수용할 수 있다.

◈ Tentunya = 물론 ; (Kata Dasar = tentu : 확정되다 ; 고정되다) ; Contoh : Coba mainan ini, tentunya anak anda akan tergila-gila oleh mainan ini. 이 장난감을 이용해 보세요, 당신의 아이들이 푹 빠질겁니다.

◈ Mengupas = 〈me-〉 부석하다 ; (Kata Dasar = kupas : 껍질을 벗기다) ; Contoh : Ibu sedang mengupas mangga. 어머니가 망고 껍질을 벗기고 있다.

◈ Unik = 유일하다 ; 독특하다.

◈ Kombinasi = 결합 ; 조합.

◈ Mengayuh = 〈me-〉 자전거를 몰다 ; (Kata Dasar = kayuh : 페달) ; Contoh : Pak Budi mengayuh becaknya dengan sekuat tenaga.

◈ Pedal = 페달.

◈ Melaju = 〈me-〉 상승하다 ; 향상하다 ; (Kata Dasar = laju : 신속하다 ; 빨리) ; Contoh : Mobil itu melaju dengan cepatnya. 저 차는 정말 빨리 간다.

◈ Mengarah = 〈me-〉 향하다 ; (Kata Dasar = arah : 방향 ; 진로) ; Contoh : Bukti-bukti itu mengarah ke Pak Im. 이 증거들은 김씨를 지목하고 있습니다.

🏝 Dibanding = 〈di-〉 비교되다.

🏝 Semacam = 〈se-〉 같은 종류의(Kata Dasar = macam : 종류 ; 유형) ; Contoh : Gado-gado itu semacam salad Indonesia yang diberi saus kacang di atasnya. 가도-가도는 땅콩소스가 위에 곁들여진 인도네시아 샐러드입니다.

🏝 Sepengetahuan = <se-> 아는 하다(Kata Dasar = pengetahuan : 지식 ; 알고 있는 내용이나 사물) ; Contoh : (1) Amir menyelinap keluar rumah tanpa sepengetahuan orang tuanya 아미르는 부모님 몰래 집을 빠져 나왔다 ; (2) Sepengetahuan saya hal itu terlarang. 내가 아는 한, 이것은 금지된 것이다.

◉ Pertanyaan-pertanyaan mengenai bacaan

1. Apa itu ojek dan bisa memuat berapa penumpang?
2. Apa itu bajaj dan bisa memuat berapa penumpang?
3. Apa itu angkot dan bisa memuat berapa penumpang?
4. Angkutan umum apakah yang unik?
5. Diantara angkutan-angkutan umum yang disebutkan di atas, alat angkutan manakah yang ingin anda coba?

◉ Kosakata

1. Kendaraan umum 대중교통
2. Angkutan umum 대중교통
3. Tarif 비율에 따라 적용되는 요금
4. Supir 운전기사
5. Pengendara 운전자 ; 기수
6. Helm 헬멧
7. Asuransi 보험
8. Pajak 세금
9. Rambu-rambu lalu lintas 교통 표지판
10. Peraturan (정리, 관리를 위해 만들어진 시행) 규정 / 원칙
11. Trotoar 도로의 인도 ; 보도
12. Pemakai jalan 길을 사용하는 사람들
13. Polisi 경찰관
14. Melanggar (법률, 규칙을) 어기다 ; 위배하다
15. Denda 벌금 ; 과태료

Yudha   : Dong Hyoen, bagaimana kamu biasanya ke tempat magang kamu?

Dong Hyoen : Biasanya naik bis.

Yudha   : Berani juga kamu. Terus dikemanain sepedamu?

Dong Hyoen : Oh aku selalu pulang ke rumah dahulu, taruh sepeda baru pergi lagi untuk bekerja.

Yudha   : Hebat. Sukses selalu ya Dong Hyeon.

Dong Hyoen : Sama. Kamu juga.

유다 : 동현, 보통 너의 인턴쉽하는 곳으로 어떻게 가니?

동현 : 일반적으로는 버스를 타.

유다 : 너 용감하구나. 그럼 네 자전거는 어디에 둬?

동현 : 아, 난 항상 집으로 먼저 귀가한 다음에, 자전거를 두고 다시 일하러 가.

유다 : 대단해. 항상 잘 되길 바래 동현.

동현 : 천만에. 너도.

◉ Percakapan(2)

Pak Bambang : Pak Kim, anda mau naik apa untuk menemui klien Selasa besok?

Pak Kim : Saya mau coba naik kereta, Pak Bambang. Bosan naik mobil terus.

Pak Bambang : Ini akan menjadi pengalaman pertama naik kereta api di Indonesia?

Pak Kim : Iya hahaha...kalau ada kesempatan lagi saya mau coba naik bis antar kota.

Pak Bambang : Pak Kim ini suka berpetualangan rupanya ya. Saya antar sampai ke stasiun ya besok Selasa.

Pak Kim : Pak Bambang, tidak usah. Saya tidak mau merepotkan Bapak.
Dan lagi saya suka tersesat kok hahaa. Kalau tersesat, saya malah lebih ber-semangat dan merasa muda.

Pak Bambang : Wah hebat ini Pak Kim. Saya harus banyak belajar dari anda.

밤방 씨 : 김 씨, 다음 화요일에 고객 만나러 갈 때 무엇을 타고 갈 거에요?

김   씨 : 전 기차를 타고 가보려 해요, 밤방 씨. 계속 차만 타는 건 지루해요.

밤방 씨 : 이번이 인도네시아에서 기차를 타 보는 첫 번째 경험이 되겠네요?

김   씨 : 네, 하하하. 만약 또 기회가 있다면 저는 시내버스를 타보고 싶어요.

밤방 씨 : 김씨는 모험을 좋아한다니까. 제가 다음 화요일에 역까지 데려다 줄게요.

김   씨 : 밤방 씨, 필요하지 않아요. 저는 밤방 씨를 귀찮게 해드리고 싶지 않아요. 그리고 저 길 헤매는 거 좋아해요 하하. 길 헤매다 보면, 더 용기도 생기고 젊어진 것 같은 느낌이 들어요.

밤방 씨 : 와, 김씨 대단해. 제가 당신에게서 많이 배워야겠어요.

◎• Kosakata Percakapan(1)

🌴 Tempat magang = 인턴쉽하는 곳이 ; (급여를 받지 않는) 견습생 하는 곳.

🌴 Dikemanain = ⟨di-i⟩ 어디에 놓다 ; 어떤 장소에 놓다, 두다 ; 얹다 ; 넣다, 던져 넣다 ; (어떤 장소로) 가지고 가다, 가까이하다 ; 붙이다, 가져다 대다.

◎• Kosakata Percakapan(2)

🌴 Klien = 고객 ; 소송의뢰인.

🌴 Berpetualangan = ⟨ber-an⟩ 모험 ; 방랑하다 ; 배회하다 ; (Kata Dasar = petualang : 모험 ; 모험심 ; 방랑자 ; 배회하는 사람).

🌴 Antar = ～을 막아내다[물리치다] ; (접두사로 사용) ～사이에.

🌴 Merepotkan = ⟨me-an⟩ 다른 사람을 바쁘게 만들다 ; (Kata Dasar = repot : 바쁘다 ; 일거리가 많다).

🌴 Tersesat = ⟨ter-⟩ 길을 잃다 길을 잘못 들다 ; (Kata Dasar = sesat : 길을 잃다).

🌴 Bersemangat = ⟨ber-⟩ 힘을 가지고 있다 ; 용기를 생기다 ; (Kata Dasar = semangat : 정신 ; 영혼 ; 패기 ; 열정 ; 정열).

Berbagi Cerita

4

1. Apakah anda suka menabung? Sejak kapan anda mulai menabung? Siapa yang mengajarkan anda untuk menabung?
2. Seringkah anda menggunakan kartu kredit? Dimana atau kapan anda biasanya menggunakan kartu kredit anda?

◉• Bacaan(1)

SAMBUTAN DARI GUBERNUR BANK

Para nasabah yang budiman,

Dunia sekarang apapun dapat diakses dalam sekejap. Situs yang mudah diakses dan dipahami dapat memudahkan hidup manusia. Di sisi lain, komunikasi yang efektif juga merupakan kunci keberhasilan.

Karena itu Bank kami terus berupaya menyempurnakan situs kami. Peluncuran situs dan logo yang baru ini agar para pengunjung kian mudah memperoleh informasi dalam bidang ekonomi perbankan maupun sistem pembayaran.Serta logo kami yang baru menunjukan semangat yang baru dan optimis untuk masa depan.

Besar harapan kami agar situs kami dapat membantu masyarakat untuk memperoleh informasi yang akurat dan terpercaya di bidang keuangan maupun perbankan.

Gubernur Bank

지금 세상에서는 무엇으로든 순식간에 접근할 수 있습니다. 접근과 이해하기 쉬운 사이트는 인간의 삶을 용이하게 해줍니다. 이러한 점에서, 효과적인 소통은 성공의 열쇠입니다.

그렇기 때문에, 저희 은행은 사이트를 완벽하게 하려는 노력을 계속하고 있습니다. 사이트와 새로운 로고의 런칭은 방문자들이 금융경제분야 뿐만 아니라 납부시스템 정보를 보다 쉽게 얻을 수 있기 위함입니다. 그리고 새로운 로고는 새로운 의욕과 미래에 대한 긍정적인 의미를 나타내고 있습니다.

대중들이 재무와 금융 분야의 정확하고 믿음이 가는 정보를 얻는 데 있어서 저희 사이트가 도움이 될 수 있도록 하는 것에 대한 기대가 큽니다.

은행총재.

◎• Bacaan(2)

Bank pemerintah

Bank pemerintah adalah bank yang sebagian atau seluruh sahamnya dimiliki oleh Pemerintah Indonesia. Sedangkan bank swasta adalah bank dimana sebagian besar sahamnya dimiliki oleh swasta nasional serta akte pendirian pun didirikan oleh swasta, pembagian keuntungannya juga untuk swasta nasional.

Di Bali, ada banyak loket untuk menukar uang terutama di daerah-daerah wisata. Ada beberapa hotel-hotel juga menyediakan fasilitas untuk menukarkan uang. Jika anda ingin menukarkan mata uang asing ke dalam rupiah sebaiknya lembar mata uang asing tersebut masih dalam keadaan bagus dan tidak terlipat, karena jika keadaannya tidak bagus ada kemungkinan baik bank, hotel atau pun loket-loket penukaran uang tidak dapat melayani transaksi tersebut.

뻐르따미나 은행

정부은행은 일부 혹은 모든 주식이 인도네시아 정부소유인 은행입니다. 반면 민간은행은 주식의 대부분이 국내 민간의 소유이며 회사정관도 민간에 의해 정립이 된 은행입니다. 수익의 배분도 국내 민간을 위한 것입니다.

발리에는 환전을 위한 창구가 많이 있는데, 특히 관광지에 많습니다. 몇몇 호텔도 역시 환전을 위한 시설을 준비해 두고 있습니다. 당신이 만약 외국환을 루피아로 바꾸고 싶다면, 외국환의 지폐의 상태가 좋고 구겨지지 않은 것이 좋습니다. 왜냐하면 상태가 좋지 않다면 은행, 호텔 뿐만 아니라 환전창구에서도 환전업무 서비스를 받지 못할 수도 있기 때문입니다.

㉘ Sambutan = 〈-an〉영접 ; 환영 ; 반응 ; Contoh : Sambutan dari para penonton meriah sekali. 관중은 매우 환영했으며.

㉘ Budiman = 의인 ; Contoh : Pak Baek adalah seorang suami budiman. 백씨는 정말 좋은 남편이다.

㉘ Diakses = 〈di-〉 ; (Kata Dasar = akses : 입구를 만들다 ; 통로를 만들다) ; Contoh : Karena ia lupa nomer PINnya maka dia tidak bisa mengambil uang. 그는 그의 비밀 번호를 잊어버렸기 때문에, 그는 돈을 인출할 수 없었다.

㉘ Sekejap = 순간 ; Contoh : Pencopet itu menghilang dalam sekejap. 그 도둑은 그렇게 사라졌다.

㉘ Sisi = 측면 ; 편 ; 측 ; Contoh : Setiap orang mempunyai 2 sisi, sisi baik dan sisi buruk 모든 사람은 양면을 갖고 있다 ; 선함과 악함.

㉘ Berupaya = 〈ber-〉 찾다 ; 방책을 강구하다 ; Contoh : Memang kelihatannya sudah tidak ada jalan, tetapi Ibu akan terus berupaya supaya kamu bisa sekolah dan minum susu teratur, Nak. 그것은 정말로 방법이 없어 보였으나, 어머니께서는 규칙적으로 우유를 마실 수 있도록 학교로 보내기를 시도하셨다.

㉘ Menyempurnakan = 〈me-kan〉 완벽하게 수행하다 / 이행하다 ; 일처리를 완벽하게 끝내다 ; 잘 완성하다 ; Contoh : Edisi kali ini merupakan penyempurnaan dari karangan Deddy Djunaedi dan Suzan Djumain. 이 개정판은 대디 주내디 dan 소피아 주마인이 쓴 것이다.

㉘ Peluncuran = 진수 / 발사로 ; Contoh : 1) Peluncuran produk baru sangat krusial bagi perkembangan dan citra suatu perusahaan. 새 상품 발표는 회사의 이미지와 발전에 매우 중요하다 ; 2) Rumor tentang peluncuran nuklir sangat merisaukan hati masyarakat. 핵발사의 관한 루머는 시민들의 우려를 샀다.

㉘ Logo = 상품명 ; 회사명, 문자.

㉘ Kian = 그 정도 ; 점차로 ; Contoh : Sate kian digemari masyarakat Australia. 싸떼는 호주 시민들 사이에서 더욱 더 유명해졌다.

㊀ Perbankan = 〈per-an〉 은행업 ; Contoh : Perbankan di Medan salurkan dana untuk korban bencana tsunami. 메단에 있는 은행은 쓰나미 희생자들을 위해 기부하였다.

㊀ Akurat = 세밀한 ; 분명한.

㊀ Terpercaya = 가장 믿는 ; Contoh : Jasa pengiriman 'BAGUS' terbagus dan terpercaya. 쇼핑서비스 BAGUS는 대단하고 신뢰할 수 있다.

㊀ Gubernur = 주지사 ; 도지사.

㊀ Saham = 증권거래소 ; 분담.

㊀ Swasta = 사립의 ; 사적의.

㊀ Akte = 문서 ; 자격증 ; 증서.

㊀ Loket = 창구.

㊀ Mata uang = 국가의 화폐 단위.

㊀ Lembar = 종이 등 얇은 것을 세는 수량사.

◉• Pertanyaan-pertanyaan mengenai bacaan

1. Apa kunci keberhasilan bank ini?

2. Apa maksud dari peluncuran situs?

3.Apa arti logo yang baru?

4. Sambutan peluncuran situs ini dilaksanakan oleh siapa?

5. Apa yang dimaksud dengan bank pemerintah? Dan apa yang dimaksud dengan bank swasta?

◉• Kosakata di Bank

1. Bank 은행

2. Pegawai Bank 은행원

3. Nasabah 고객

4. Buku Tabungan 통장

5. Rekening 계좌

6. Menyetor Uang 입금하다

7. Mengambil uang 출금하다

8. Transfer Uang 송금하다

9. Menukarkan Uang 환전하다

10. Valuta Asing 외환

11. Nilai tukar / nilai kurs 환율

12. ATM 자동입출금기

13. Kartu kredit 신용카드

14. No pin 비밀 번호

15. Komisi 수수료

◉ Percakapan(1)

Menukar uang

Pegawai Bank : Selamat pagi, ada yang bisa saya bantu ?

Pengunjung   : Selamat pagi. Saya ingin menukar uang. Berapa harga USD hari ini?

Pegawai Bank : Harga belli satu dolar Rp 8,250, sedangkan harga jualnya Rp 8,400. Apakah anda ingin membeli atau menjual USD?

Pengunjung   : Saya ingin menjual USD ke Rupiah.

Pegawai Bank : Berapa?

Pengunjung   : USD 1,000, - (Seribu US dolar)

Pegawai Bank : Tolong kartu identitas anda atau paspor dan uang yang mau ditukar.

Pengunjung   : Ini.

Pegawai Bank : Terima kasih. Mohon tunggu sebentar.

....

Pegawai Bank : Ini jumlah total hasil penukarannya. Anda mau pecahan yang bagaimana?

Pengunjung   : Pecahan Rp 100,000 dan Rp 50,000?

Pegawai Bank : Ini uangnya. Semua dalam pecahan 100,000 dan 50,000. Mohon dihitung lagi. Ini slip penukarannya dan ini kartu identitas anda.

Pengunjung   : Terima kasih

은행직원 : 안녕하세요, 무엇을 도와드릴까요?

손　　님 : 안녕하세요. 저는 환전을 하고 싶습니다. 오늘 미국달러 가격이 얼마에요?

은행직원 : 1달러 구매가는 8,250루피아입니다. 하지만 판매가는 8,400루피아입니다.
　　　　　손님은 미국달러를 사길 원하세요 혹은 팔길 원하세요?

손　　님 : 저는 미국달러를 루피아로 팔고 싶어요.

은행직원 : 얼마를요?

손　　님 : 1,000달러요(천 달러).

은행직원 : 손님 신분증 혹은 여권과 바꾸실 돈을 주세요.

손　　님 : 여기요.

은행직원 : 감사합니다. 잠시만 기다려 주세요.

은행직원 : 여기 총 환전 금액입니다. 손님은 어떻게 나누길 원하세요?

손　　님 : 100,000루피아와 50,000루피아로요.

은행직원 : 여기 금액입니다. 모두 100,000과 50,000으로 나누었어요. 다시 한 번 세 주
　　　　　세요. 이건 환전 영수증이고 이건 손님 신분증입니다.

손　　님 : 감사합니다.

◉• Percakapan(2)

Membuka Rekening

Pegawai Bank : Selamat datang di Bank Indonesia. Ada yang bisa dibantu?

Tamu : Saya ingin membuka rekening.

Pegawai Bank : Tolong kartu identitas atau paspornya dan isi formulir ini.

Tamu : Seperti ini? Ini artinya apa ya.

Pegawai Bank : Ya betul. Ini artinya nomer telepon anda.

Tamu : Saya belum ada telepon, baru besok akan membeli.

Pewagai Bank : Tidak masalah Bapak. Dikosongkan saja dulu.

Tamu : Berapa uang minimal untuk membuka rekening? Saya cuma ada Rp 200,000, - saat ini.

Pegawai Bank : Tidak apa-apa Bapak. Uang minimalnya hanya Rp 50,000.

계좌 개설 |||||

은행직원 : 인도네시아 은행 어서 오십시오. 무엇을 도와드릴까요?

고   객 : 저는 계좌를 개설하고 싶습니다.

은행직원 : 신분증 혹은 여권을 주시고요, 이 형식을 작성해 주세요.

고   객 : 이것처럼요? 이것은 무슨 의미죠?

은행직원 : 네, 맞아요. 이것은 고객님 전화번호를 의미합니다.

고   객 : 저는 아직 전화가 없는데요, 내일 살 예정이에요.

은행직원 : 문제없어요 고객님. 먼저 비워두세요.

고   객 : 계좌를 개설하는 최소 금액은 얼마에요? 전 지금 200,000루피아만 있는데요.

은행직원 : 괜찮습니다 고객님. 최소 금액은 50,000루피아입니다.

Membatalkan penggunaan kartu kredit
(Lewat telepon)

Pegawai Bank : Selamat Pagi dengan Bank Indonesia. Ada yang bisa dibantu?

Penelepon : (*Suara terengah-engah*) Tolong...tolong batalkan penggunaan kartu kredit saya.

Pegawai Bank : Iya. Pembatalan kartu kredit?

Penelepon : Seseorang mengambil kartu kredit saya kemarin malam sewaktu makan bersama klien. (*Suara terbata-bata*). Harus...harus dibatalkan sekarang juga.

Pegawai Bank : Tolong nomer paspor anda atau nomer kartu identitas anda.

Penelepon : Nomer kartu identitas saya 998-5564-7654.

Pegawai Bank : Park Song Ja?

Penelepon : Iya itu nama saya. Bagaimana, Mbak? Apakah si pencurinya sudah sering menggunakan kartu saya? Apa masih ada uang yang tersisa?

Pegawai Bank : Park Song Ja, ada penggunaan kartu sebesar Rp 500,000. kemarin malam.

Penelepon : Untung tidak begitu banyak. Apa kartu saya sudah dibatalkan?

Pegawai Bank : Sudah Ms. Park.

Penelepon : Terima kasih.

신용카드 사용 중지(전화 상)

은행직원 : 안녕하세요. 인도네시아 은행입니다. 무엇을 도와드릴까요?

발 신 자 : (*신호음 소리*) 제 신용카드 사용을 중지해 주세요.

은행직원 : 네. 신용카드 중지요?

발 신 자 : 어제 저녁에 고객과 식사를 하는 데 누군가가 제 신용카드를 훔쳐갔어요.
　　　　　(*머뭇거리는 목소리*). 지금 반드시 중지해야 해요.

은행직원 : 고객님 여권번호 혹은 고객님 신분증 번호를 말씀해 주세요.

발 신 자 : 제 신분증 번호는 998-5564-7654에요.

은행직원 : 박송자 씨?

발 신 자 : 네, 그것이 제 이름이에요. 어떻습니까 아가씨? 소매치기가 이미 제 카드를 자
　　　　　주 사용했나요? 아직 돈이 남아 있나요?

은행직원 : 박송자 씨, 어제 저녁에 500,000루피아 카드 사용이 있습니다.

발 신 자 : 그렇게 많은 금액이 아니라 다행이네요. 제 카드 이미 중지 되었나요?

은행직원 : 네, 고객님.

발 신 자 : 감사합니다.

◎• Kosakata Percakapan(1)

1. Sedangkan 반면, -주차
2. Kartu identitas 신분증
3. Jumlah total 총액
4. Hasil 결과, 결말
5. Pecahan ⟨-an⟩ 조작, 부분, 파편 ;

(Kata Dasar pecah : 깨지다, 부서지다, 터진)
6. Slip 전표
7. Uang minimal 최소 비용

◎• Kosakata Percakapan(2)

1. Batalkan ⟨-kan⟩ (Kata Dasar batal : 취소)
2. Penggunaan ⟨pe-an⟩ 사용, 이용(Kata Dasar guna : 이용, 기능)
3. Tersisa ⟨ter-⟩ 놓다, 남겨지다 (Kata Dasar sisa : 나머지)
4. Untung 운이 좋은

Berbagi Cerita

5

1. Ceritakan pengalaman anda menginap di hotel atau villa yang tak terlupakan?
2. Pernahkah anda mengalami kesulitan menemukan penginapan? Ceritakan pengalaman anda!

◉ Bacaan

Mencari Hotel di waktu liburan Idul Fitri

Keluarga Bapak Hasan sedang berlibur ke Puncak untuk menikmati liburan Idul Fitri. Mereka sudah berputar-putar di kawasan Puncak hampir satu jam. Ibu Hasan mengomel-omel karena bolak-balik keluar mobil ke resepsionis dan kembali lagi ke mobil. Anak remaja mereka, Fitrisia capai menelepon beberapa villa tetapi belum juga menemukan penginapan. Sedangkan anak bungsu mereka, Dedi kebosanan.

Karena kecapaian dan kebosanan, mereka berhenti di warung. Warung ini warung lesehan. Di warung ini ada sate, bakso, gudeg, es campur dan bermacam-macam menu yang menggiurkan. Mereka memesan 5 menu makanan, yaitu : gudeg, nasi campur, nasi pecel, sate, dan bakso. Sedangkan untuk minuman, mereka memesan 2 es campur, 1 es teler, dan satu es teh tawar. Fitrisia dan Dedi menjadi senang kembali, Bapak Hasan makan sate dan gudeg dengan lahap.

Tapi kemana Ibu Hasan. Dia sedang berbincang-bincang dengan pemilik restoran dan seorang ibu. Tak lama kemudian, Ibu Hasan datang dengan wajah gembira. "Ketemu, Pak. Ketemu villanya", katanya. "Lho, bagaimana bisa?" tanya Pak Hasan keheranan. "Itu, coba lihat ibu yang pakai baju biru itu teman aerobik. Dia punya villa disini, dan kita bisa menginap di villanya gratis minggu ini.", jelasnya. "Asyiiikk!!! Hore!!!" *teriak* Fitrisia dan Dedi. "Hebat kamu istriku" ujar Pak Hasan sambil tersenyum bangga. "Dah, dibilang koneksiku itu dimana-mana, Pak" kata Bu Hasan manja.

이둘 피트리 휴가 기간에 호텔 구하기

하산씨의 가족은 이둘 피트리 휴가를 즐기기 위해 뿐짝에 가 있다. 그들은 이미 한 시간 가량 뿐짝지역을 돌고 있다. 하산씨의 부인은 차에서 나와 리셉션에 갔다가 다시 차로 돌아오는 것을 반복하고 있어서 불만이 많다. 그들의 자녀인 피트리샤는 몇 곳의 빌라에 전화하느라 지쳐 있지만 여전히 숙소를 구하지 못했다. 그들의 막내인 데디는 현재 지루해하고 있다.

그들은 이미 지쳤고 지루했기 때문에 식당에 멈춰 섰다. 식당은 레세한 식당이었다. 이 식당에는 사떼, 박소, 구득, 에스 짬뿌르 그리고 먹음직스러운 다양한 메뉴가 있었다. 그들은 5개의 음식을 주문했다. 즉, 구득, 나시짬뿌르 나시쁘R), 사떼, 그리고 박소이다. 반면 음료수는 에스 짬뿌르 2개, 에스 떨루르 1개 그리고 설탕이 들어가지 않은 아이스티 하나를 주문했다. 피트리샤와 데디는 다시 즐거워졌다. 하산씨는 사떼와 구득을 허겁지겁 먹었다.

그런데, 하산씨 부인은 어디간 것일까. 그녀는 음식점 주인과 한 아주머니와 이야기 중이었다. 그리고 나서 머지않아, 하산씨 부인은 기쁜 얼굴로 왔다. "구했어요, 빌라를 구했어요."라고 그녀가 말했다. "아니, 어떻게 구했지요? 하산씨가 놀라며 물었다. "저기예요, 파란색 옷을 입고 있는 부인을 보세요. 에어로빅을 같이 하는 친구예요. 그녀가 여기에 빌라를 가지고 있어요, 그리고 우리는 이번 주에 무료로 그 빌라에서 머물 수 있게 된 거지요." 그녀가 설명했다. "신난다!! 만세!!" 파트리샤와 데디가 소리쳤다. "내 아내인 당신은 대단하군요"라고 하산씨가 자랑스럽게 미소 지으며 말했다. "됐죠, 나의 인맥은 어디든 있다고 할 수 있죠."라고 하산씨 부인이 애교 있게 말했다.

⊙• Kosakata Bacaan

㉺ Berputar-putar = 〈ber-〉 빙빙돌다, 선회하다 ; Contoh : Kami berputar-putar mengelilingi kota. 우리는 도시주변을 드라이브했다.

㉺ Bolak-balik = 왔다갔다 ; Contoh : Untuk membuat paspor Indonesia, saya harus bolak-balik ke Kedutaan Indonesia. 인도네시아 여권을 만들기 위해, 영사관에 갔다 왔다.

㉺ Remaja = 성인이 되가는, 사춘기 ; Contoh : Tingkah anak remaja biasanya sulit dipahami. 보통 사춘기의 행동을 이해하기는 어렵습니다.

㉺ Bungsu = 막내 ; Contoh : Anak bungsu itu biasanya manja. 보통 막내 아이는 버릇이 없다.

㉺ Warung = 작은 상점, 음식점 ; Contoh : Banyak warung yang tidak bersih di daerah ini. 여기 근처의 많은 음식점들이 깨끗하지 않다.

㉺ Warung Lesehan = 좌식 식당 ; Contoh : Warung Lesehan ini sudah berdiri selama 40 tahun. 와랑 리스한씨는 음식점을 40년 동안 운영하고 있다.

㉺ Sate = 인도네시아 꼬치 요리 ; Contoh : Di restoran ini dijual bermacam-macam sate, ada sate kambing, sate ayam sampai sate kelinci. 이 식당에서 양고기, 닭고기, 토끼고기 사태 등 여러가지 사태를 판다.

㉺ Bakso = 박소는 동글동글한 완자가 고기나 생선으로 만든 경단이 들어간 수프를 말합니다 ; Contoh : Orang Indonesia paling suka makan bakso jika udaranya dingin. 인도네시아 사람은 추울 때 박소를 제일 좋아한다.

㉺ Gudeg = 구득은 족자의 전통 음식 ; Contoh : Lia kurang suka makan gudeg. 리아는 구득을 별로 좋아하지 않는다.

㉺ Es campur = 팥빙수 인도네시아 ; Contoh : Es Campur ini isinya beraneka ragam buah, lain dari es campur yang lain. 이 에스 짬부르은 다른 에스 짬부르 보다 여러가지 과일이 들어간다.

㉺ Menggiurkan = 〈me-kan〉 매혹시키다 ; (Kata Dasar = giur : 매료) ; Contoh : Makanan itu kelihatan menggiurkan sekali. 그 요리는 엄청 맛있어 보인다.

- ✈ Nasi campur = 나시 짬부르. 인도네시아 밥인데 여러가지 반찬이 들어가요 ; Contoh : Makanan kesukaan saya adalah nasi campur. 제가 가장 좋아하는 음식은 바로 나시 짬부르이에요.

- ✈ Nasi Pecel = 나시 쁘W. 데친 양배추나 배추, 당근 등등이 랑 매콤한 땅콩소스랑 밥이랑 같이 먹는 것이에요 ; Contoh : Nasi pecel Embong Malang itu terkenal sekali. 나시 쁘W. 엠벙 마랑은 인기가 좋네요.

- ✈ Es Teler = 에스 뜰레르. 인도네시아 팥빙수 에스 짬부르 비슷하지만 재료가 에스 짬부르 보다 더 간단합니다 ; Contoh : Karena Ayah ada diabetes, dia tidak boleh minum es teler 아버지는 당뇨병이 가지고 있어서, 에스 뜰레르를 금지합니다.

- ✈ Es Teh Tawar = 에스 떼 따와르. 보리차와 홍차 비슷하다 ; Contoh : Es teh tawar bagus untuk diet. 에스 떼 따와르는 다이어트에 도움이 됩니다.

- ✈ Berbincang-bincang = 〈ber-〉 토의하다 ; 토론하다 ; (Kata Dasar = bincang) ; Contoh : Ibu suka berbincang-bincang di telepon sampai lama sekali. 어머니는 오랫동안 전화로 토론해요.

- ✈ Aerobik = 에어로빅 댄스 ; Contoh : Di tempat fitnes ini kalau menjadi anggota bisa mengikuti kelas aerobik gratis. 이 체육관 회원이면 에어로빅 수업을 무료로 가입 할 수 있어요.

- ✈ Gratis = 무료 ; Contoh : Ibu suka hal-hal gratis. 어머니는 무료를 좋아합니다.

- ✈ Asyik = 즐거운 소리 ; 신나다 ; Contoh : Mereka sedang asyik menonton film. 그들은 즐겁게 영화를 보고 있어요.

- ✈ Hore = 신나는 소리 ; Contoh : . Hore…hore kita akan pergi ke kolam renang. 와..와 좋아 좋아 우리는 수영장에 간다.

- ✈ Hebat = 굉장한 ; Contoh : Hebat benar kamu. 와…당신은 대단하네요.

- ✈ Dibilang = 〈di-〉 그렇게 말하면 ; (Kata Dasar = bilang : 세다 ; 말하다) ; Contoh : Sudah saya bilang kamu tidak boleh membawa minum di kelas. 얘기했잖아요, 교실에 음료수를 가지고 들어가면 안됩니다.

- ✈ Koneksi = 관계, 아는 사람, 네트워킹 ; Contoh : Pemilik bisnis biasanya koneksinya banyak sekali. 보통 사업자들은 인맥이 많아요.

◉ Pertanyaan-pertanyaan mengenai bacaan

1. Pada waktu liburan Idul Fitri pergi kemanakah keluarga Bapak Hasan?

2. Apakah mudah bagi keluarga Bapak Hasan untuk menemukan tempat penginapan? Jelaskan jawaban anda!

3. Mereka pergi makan di restoran mana? Seperti apakah restoran itu?

4. Makanan apa saja yang Fitrisia dan Dedi pesan?

5. Pada akhirnya apakah keluarga Bapak Hasan berhasil mendapatkan villa / tempat penginapan? Berapa tarif untuk satu hari?

◉ Kosakota Hotel / Villa

1. Hotel 호텔	8. Barang berharga 귀중품
2. Mendaftar masuk (check-in) 체크인	9. Memesan 예약하다
3. Check out 체크아웃	10. Morning call 모닝콜
4. Tarif sewa kamar 숙박비	11. Laundry 세탁하다
5. Resepsionis / front desk 프런트	12. Lift 엘리베이터
6. Kamar 방	13. AC 에어컨
7. Restoran 식당 / 레스토랑	14. Tip 팁

◎•Percakapan(1)

Resepsionis Hotel : Selamat Pagi, Pak. Ada yang bisa saya bantu?

Tamu : Pagi. Saya ingin memesan kamar untuk 3 hari 2 malam, single bed.

Resepsionis Hotel : Untuk satu orang saja ya, Pak?

Tamu : Iya betul. Saya sendiri.

Resepsionis Hotel : Baik. Bapak jendelanya menghadap kolam renang kami atau pemandangan kota?

Tamu : Terserah saja.

Resepsionis Hotel : Tunai atau dengan kartu kredit, Pak?

Tamu : Pakai Master Card bisa?

Resepsionis Hotel : Bisa, Pak. Tolong tanda tangan disini. Ini kuncinya Pak. Kamar anda dilantai 7 nomer 705 Dan silahkan telepon 0 untuk menghubungi resepsionis Pak jika ada yang bisa kami bantu.

Tamu : Terima kasih.

호텔 프런트 : 안녕하십니까. 무엇을 도와 드릴까요?

손　　　님 : 안녕하세요. 저는 방을 예약하고 싶은데요 2박 3일, 싱글 침대.

호텔 프런트 : 한 명 입니까?

손　　　님 : 네, 맞습니다 저만 혼자에요.

호텔 프런트 : 그래요 손님. 수영장 보기 아니면 도시 보기 원하십니까?

손　　　님 : 둘다 좋습니다. 상관 없습니다.

호텔 프런트 : 현금으로 아니면 신용 카드 결제 해드릴까요?

손　　　님 : 마스터 카드는 돼요?

호텔 프런트 : 가능합니다 손님. 그리고 여기에 사인해 주실래요? 열쇠가 여기 있습니다. 방 번호는 705호 입니다 7층에 있습니다. 도움이 필요하면 0을 누르면 프런트에 연결됩니다.

손　　　님 : 감사합니다.

◉ **Percakapan(2)**

Resepsionis Hote : Selamat Malam. Ada yang bisa kami bantu?

Tamu   : Saya, Nona Park yang tinggal di kamar 807.

Resepsionis Hotel : Selamat Malam Nona Park. Ada yang bisa kami bantu?

Tamu   : Saya ingin memesan taksi untuk ke jalan Kuningan 10 menit lagi.

Resepsionis Hotel : Baik. Nona Park. Jika anda sudah siap, anda bisa ke lobi. Taksi-taksi selalu siap 24 jam.

Tamu   : Berarti kalau saya turun sudah ada taksinya?

Resepsionis Hotel : Betul, Nona Park.

Tamu   : Terima kasih.

프런트 호텔 : 안녕하십니까. 무엇을 도와 드릴까요?

손   님 : 네, 저 807호에 박예지에요.

프런트 호텔 : 네, 손님. 문제 있으세요?

손   님 : 네, 저는 쿠닝안을 가고 싶은데 혹시 택시를 부를 수 있을까요? 10분후에 도착하도록 해 주세요.

프런트 호텔 : 네, 손님. 준비 다 하시면 로비로 나오세요. 저희 택시는 항상 24시간 있습니다.

손   님 : 그러면, 제가 그냥 로비로 나오면 돼요?

프런트 호텔 : 네, 맞습니다.

손   님 : 감사합니다.

◉ Percakapan(3)

Resepsionis Villa	: Selamat Siang.Villa kami. Ada yang bisa saya bantu?
Tamu	: Mbak, ini koper saya tidak bisa dibuka. Kuncinya hilang bisa tolong bantu?
Resepsionis Villa	: Baik, Bu.
Tamu	: Terus Mbak air panasnya juga tidak jalan.
Resepsionis	: Baik Bu. Kami akan segera kesana. Kamar 105, kan Bu?
Tamu	: Iya betul.
(Di Kamar Tamu)	
Pekerja Villa	: (Mengetuk Pintu). Selamat siang. Mau melihat kondisi koper dan air panas.
Tamu	: Oh ya, Oh ya Silahkan masuk Pak. Ini kopernya Pak.
Pekerja Villa	: Ibu, ini kita rusak gemboknya tidak apa-apa Bu?
Tamu	: Iya tidak apa-apa. Gemboknya bukan barang penting *(Setelah 2 menit)*
Tamu	: Wah, sudah bisa dibuka. Terimakasih Pak.
Pekerja Villa	: Air panasnya juga sudah bisa Bu.
Tamu	: Oh ya. *(Tersenyum)* Terimakasih Pak. Ini sekedar uang rokok.
Pekerja Villa	: Terima kasih kembali Bu.

프런트 빌라 : 안녕하십니까. 무엇을 도와드릴까요?

손　　　님 : 여행가방을 못 열어요. 열쇠를 잃어버렸어요. 도와 줄 수 있나요?

프런트 빌라 : 네, 손님.

손　　　님 : 그리고요 뜨거운 물이 안나와요.

프런트 빌라 : 알겠습니다 손님. 당장 가겠습니다. 105호 맞습니까?

손　　　님 : 네, 맞습니다.

프런트 빌라 : 실례합니다. 여행가방과 뜨거운 물 때문에 왔습니다.

손　　　님 : 네, 들어 오세요. 이게 그 여행가방이에요.

프런트 빌라 : 저희가 쇠사슬을 잘라도 되나요?

손　　　님 : 네, 괜찮습니다. 쇠사슬은 중요한 것이 아니에요.

　　　　　　　(2분 후에)

손　　　님 : 오, 되나봐요?

프런트 빌라 : 네, 손님. 여행가방을 열 수 있습니다. 그리고 뜨거운 물도 나와요.

손　　　님 : 아 다행이다. 고맙습니다. 이것은 팁이에요. 받으세요.

프런트 빌라 : 아이고 정말 감사합니다.

Berbagi Cerita

1. Seringkah Anda pergi ke restoran? Biasanya Anda pergi ke restoran dengan siapa?
2. Ceritakan sebuah restoran favorit anda? Dan jelaskan alasannya kenapa anda begitu suka dengan restoran tersebut!

◉• Bacaan

Restoran-restoran dan tempat makan di Indonesia

Di Indonesia ada banyak tempat makan. Ada yang ala tradisional seperti warung lesehan, ada restoran, ada juga restoran Cina, dan karena banyaknya orang asing di Indonesia mulai banyak bermunculan restoran Jepang, Korea dan steak. Pengaruh budaya barat juga membuat semakin banyak bertumbuhnya waralaba *fast food* yang menyediakan burger, kentang goreng yang lebih dikenal *french fries* dan ayam. Tetapi meskipun ini adalah gaya makan orang barat, orang Indonesia tetap saja memerlukan nasi, karena itu berbagai waralaba *fast food* menyempurnakan menunya dengan cita rasa yang sesuai dengan lidah Indonesia. Nasi dimasukan dalam menu waralaba ini, juga saus sambal Indonesia.

Apa itu warung lesehan? Warung lesehan itu adalah tempat makan yang tidak menyediakan kursi, jadi para tamu duduk dilantai. Cara makan di warung-warung lesehan ini biasanya memakai tangan. Jadi, jika anda melihat sebuah mangkok kecil dimana ada seiris jeruk nipis didalamnya. Jangan diminum air ini. Ini air untuk mencuci tangan sebelum makan, agar tangan anda bersih. Sama halnya jika anda makan di fast food restoran maupun restoran-restoran yang lain, disediakannya wastafel yang terpisah dari kamar kecil. Wastafel ini disediakan untuk para pengunjung tempat makan untuk mencuci tangan sebelum dan sesudah makan.

 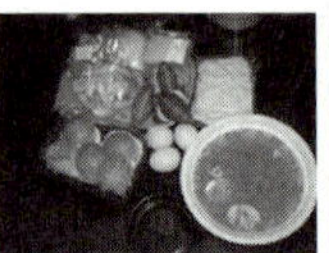 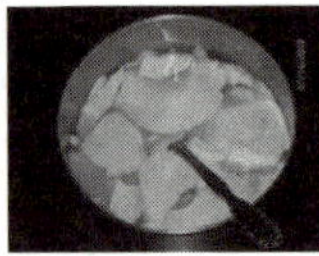 

인도네시아의 레스토랑과 음식점

인도네시아에는 많은 음식점이 있습니다. warung lesehan과 같은 전통적인 스타일의 식당도 있고, 레스토랑도 있고, 중국식 레스토랑도 있습니다. 그리고 인도네시아에 많은 외국인들이 있기 때문에 일식, 한식, 스테이크를 파는 레스토랑이 많이 생겨나기 시작했습니다. 서양문화의 영향으로 햄버거, french fries로 더 잘 알려진 감자튀김, 그리고 닭요리를 제공하는 프랜차이즈 패스트푸드 식당이 점점 많아지게 되었습니다. 하지만, 그러한 음식이 서양인에게는 식습관이지만, 인도네시아 사람은 쌀밥이 있어야 합니다. 그러한 이유로 여러 프랜차이즈 패스트푸드 식당에서는 인도네시아 사람 입맛에 맞는 메뉴를 개발하여 만들고 있습니다. 쌀밥과 인도네시아 삼발소스가 이러한 프랜차이즈 식당의 메뉴에 포함됩니다.

warung lesehan은 무엇일까요? warung lesehan은 의자가 없는 식당이고, 손님들은 바닥에 앉습니다. warung lesehan에서는 보통 손을 사용하여 식사를 합니다. 그래서, 작은 그릇 안에 얇게 썬 라임이 들어간 것을 볼 수 있습니다. 그 물은 드시지 마세요. 식사를 하기 전에 손을 깨끗하게 하기 위해, 손을 씻는 물입니다. 이와 같은 경우로, 당신이 패스트푸드 레스토랑 뿐 아니라 다른 레스토랑에서 식사를 할 때, 화장실과 별개로 세면기가 설치되어 있을 것입니다. 이 세면기는 식당 손님들이 식사를 하기 전과 후에 손을 닦기 위해 준비된 것입니다.

- Warung lesehan = 의자가 없는 식당 또한 보통 손을 사용하여 식사를 합니다.

- Bermunculan = 〈ber-〉 계속 나타나다(Kata Dasar = muncul : 나타나다 ; 떠오르다) ; Contoh : Banyak gosip bermunculan di dunia musik. 음악사업과 관련해 많은 가십거리가 있다.

- Pengaruh = 영향 ; 세력 ; 위력 ; 작용.

- Bertumbuh = 〈ber-〉 자라다(Kata Dasar = tumbuh : 성장하다 ; 나타나다) ; Contoh : Anak itu tumbuh menjadi prajurit yang gagah berani. 저 소년은 매우 용감한 군인으로 자랐다.

- Waralaba = 독점 판매권.

- Cita rasa = 맛 ; 취향.

- Saus sambal = 매운 양념류.

- Mangkok = 그릇.

- Jeruk nipis = 라임.

- Wastafel = 싱크대.

- Terpisah = 〈ter-〉 갈라선 ; 고립된 ; 분리된(Kata Dasar = pisah : 헤어진 ; 갈라진) ; Contoh : Sejak kecil ia terpisah dari ibunya. 그가 어렸을 때부터, 그는 그의 어머니와 떨어져 지냈다.

- Kamar kecil = 화장실.

- Pengunjung = 〈pe-〉 방문객(Kata Dasar = kunjung : 방문하다) ; Contoh : Toko roti Ibu Lili laris pengunjung. 릴리씨의 빵집은 항상 손님으로 가득차 있다.

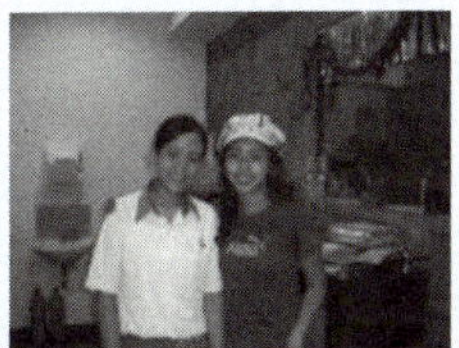

⊙ Pertanyaan-pertanyaan mengenai bacaan

1. Mengapa banyak restoran-restoran asing di Indonesia?
2. Bagaimana kira-kira rasa makanan waralaba *fast food* di Indonesia?
3. Apa itu warung lesehan?
4. Untuk apa mangkok kecil dengan jeruk nipis di warung tersebut?
5. Mengapa selalu ada wastafel di rumah makan / warung di Indonesia?

⊙ Kosakota

1. Restoran 레스토랑	6. Pelayan 웨이터
2. Rumah makan 식당	7. Tukang masak 요리사
3. Pesan 주문	8. Kasir 출납원
4. Ganti 바꾸다	9. Bumbu masak 양념
5. Pengunjung 고객님	10. Bungkus 싸다

◎･ Percakapan

Ibu Yuli ： Silahkan duduk Ibu Kim.

Bu Kim ： Oh ya ya...

Ibu Yuli ： Ini namanya warung lesehan.

Bu Kim ： Di Korea juga banyak restoran yang tidak menyediakan kursi. Jadi para pengunjung duduk di lantai.

Ibu Yuli ： Bu Kim, ini bukan untuk diminum. (Sambil menunjukkan mangkok tempat cuci tangan).

Bu Kim ： Haha..terimakasih atas peringatannya Ibu Yuli, tapi sebelum ke sini saya sudah banyak membaca tentang restoran-restoran di Indonesia.

Ibu Yuli ： Bu Kim, memang pintar. Hebat.

Bu Kim ： Biasa saja Ibu Yuli, biasa saja. Mari kita segera memesan sate dan tempe penyet.

율리 씨 : 앉으세요, 김 씨.

김　씨 : 아 네네.

율리 씨 : 여기는 허름한 포장마차(와룽)에요.

김　씨 : 한국에도 의자를 준비해 놓지 않은 식당이 많아요. 그래서 손님들은 바닥에 앉곤 하죠.

율리 씨 : 김 씨, 이건 마시는 용도가 아니에요.(손 씻는 대접을 가르키면서)

김　씨 : 하하. 알려줘서 고마워요, 율리씨. 하지만 여기 오기 전에 저는 인도네시아 식당들에 대해서 이미 많이 읽어봤어요.

율리 씨 : 김 씨, 역시 똑똑하세요. 대단해요.

김　씨 : 보통이에요, 율리 씨. 우리 어서 사떼와 납작한 뗌빼를 시키도록 해요.

◎• Kosakata Percakapan

⊛ Menyediakan = ⟨me-an⟩ 준비하다 ; 조달하다.

⊛ Pengunjung = 방문자 ; 예방자.

⊛ Atas = 위 ; −에 근거하여 ; 에 맞추어.

⊛ Tempe penyet = 땜페는 청국장과 같은 발효콩음식이다. 퀴긴 땜페와 고추 따위를 빻는 것이 땜페 페넷이다.

Keluarga

Berbagi Cerita

1. Anda anak ke berapa? Anda mempunyai berapa saudara?
2. Siapa yang paling dekat dengan anda?
3. Apakah anda mirip Bapak / Ibu / anggota keluarga yang lain? Ceritakan kemiripan / ketidak miripan anda!

◯• Bacaan

Keluarga Berencana

Felia sudah 5 tahun lamanya berkeluarga. Dia menikah dengan seorang arsitektur muda yang tampan dan baik hati. Namanya Yanuar, bersama mereka memiliki seorang anak laki-laki. Anak yang lucu dan imut-imut itu dinamakan Yafi. Nama Yafi merupakan gabungan dari nama Yanuar dan Felia. Yafi adalah tanda cinta mereka. Keluarga Bapak Yanuar ini merupakan salah satu keluarga sejahtera Indonesia.

Keluarga berencana adalah keluarga yang anggotanya terdiri dari 4 orang saja ; bapak, ibu, dan 2 orang anak. Jadi, keluarga berencana ini adalah keluarga kecil yang merupakan kepanjangan dari KB. Prinsip keluarga berencana ini bertentangan dengan kepercayaan 'banyak anak banyak rezeki' . Hal ini dimungkinkan karena pengeluaran biaya hidup yang meningkat. Jadi jika jumlah anggota keluarga tidak banyak, maka lebih mudah untuk memenuhi kebutuhan hidup sehingga tidak ada yang kekurangan.

가족계획을 따르는 가족

펠리아는 결혼한 지 5년이 되었다. 그녀는 젊고, 잘생기고, 착한 건축가와 결혼했다. 그의 이름은 야누아르이다. 그들에게는 아들이 한 명 있다. 유머가 많고 귀여운 아들은 야피라는 이름을 가졌다. 야피라는 이름은 야누아르와 펠리아 이름의 결합이다. 야피는 그들의 사랑의 증거이다. 야누아르 가족은 인도네시아의 부족함 없는 가족 중 하나이다.

가족계획을 따르는 가족이란 구성원이 4명으로만 이루어진 가족이다. 즉, 아버지, 어머니 그리고 2명의 아이이다. 그래서, 가족계획을 따르는 가족은 소가족을 뜻하며 KB의 긴 명칭이다. 가족계획을 따르는 가족의 개념은 "아이가 많으면 행운도 많다"라는 믿음에 반대되는 개념이다. 이 문제는 생활비 지출이 늘어나면서 생겨나게 되었다. 그렇기 때문에, 만약 가족의 구성원 수가 많지 않으면 생활 필수적인 것을 더 쉽게 채울 수 있고 부족함이 없게 된다.

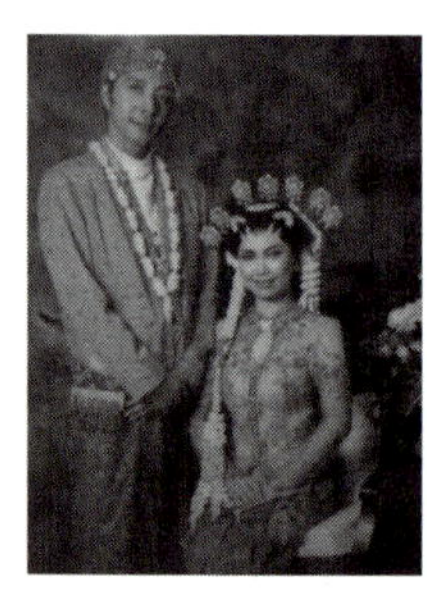

◉ Kosakata Bacaan

⊛ Baik hati = 친절하다 ; 대하는 태도가 매우 정겹고 고분고분하다.

⊛ Imut-imut = 귀엽다 ; 예쁘고 곱거나 또는 애교가 있어서 사랑스럽다.

⊛ Gabungan = 〈-an〉 결함 ; 합병 ; (Kata Dasar = gabung : 묶음 ; 다발) ; Contoh : Bank itu merupakan gabungan dari 2 bank kecil. 저 은행은 두 개의 작은 은행이 합병된 것이다.

☯ Sejahtera = 번영하다 ; 복되다.

☯ Berencana = ⟨ber-an⟩ 계획을 가지고 있는 ; (Kata Dasar = rencana : 계획 ; 앞으로 하려는 일) ; Contoh : Pak Budi berencana untuk pindah ke luar negri. 부디씨는 해외로 이민갈 계획을 하고 있다.

☯ Terdiri = ⟨ter-⟩ 억누르다 ; 담고았다 ; 들어가다 ; 포함하다 ; (Kata Dasar = diri : 이루어지다 ; 구성되다) ; Contoh : Bumbu masakan itu terdiri dari cabe, kunyit, lengkuas, dan bawang putih. 요리재료는 고추, 쿤이트, 렝콰스, 그리고 마늘이다.

☯ Kepanjangan = ⟨ke-an⟩ 길이 ; (Kata Dasar = panjang : 길이가 긴 ; (세로) 길이) ; Contoh : Persatuan Pelajar Indonesia di Korea adalah kepanjangan dari PERPIKA. 한국 내 인도네시아 학생모임은 페피카로 알려져 있다.

☯ Prinsip = 원칙 ; 어떤 행동이나 이론 따위에서 일관되게 지켜야 하는 기본적인 규칙이나 법칙).

☯ Kepercayaan = ⟨ke-an⟩ 신입 ; 믿음 ; (Kata Dasar = percaya : 믿다 ; 어떤 사실이나 말을 꼭 그렇게 될 것이라고 생각하거나 그렇다고 여기다) ; Contoh : Bagi orang Indonesia pada umumnya, kepercayaan terhadap suatu agama itu penting. 인도네시아인에게 보편적으로, 종교를 갖는 것은 중요한 것이다.

☯ Rezeki /rejeki = (신이 주는) 일용양식 ; 좋은 운수 ; 또는 행복한 운수.

☯ Dimungkinkan = ⟨di-an⟩ ; (Kata Dasar = mungkin : 아마 ; 짐작하건대) ; Contoh : Jika produk dalam negri tidak bisa bersaing dengan produk luar negri, dimungkinkan terjadi ketimpangan dalam perekonomian. 국내산업이 수출상품을 감당하지 못한다면, 경제의 불균형을 초래할 가능성이 있다.

☯ Pengeluaran = ⟨pe-an⟩ 지출 ; 비용 ; 소요 경비 ; 비용이 드는 일 ; (Kata Dasar = luar : 바깥부분 ; 밖이 되는 곳) ; Contoh : Jangan sampai pengeluaranmu lebih besar dari pendapatanmu. 당신이 버는 것보다 많이 써서는 안된다

☯ Kebutuhan = ⟨ke-an⟩ 필요성 ; 필요 ; 필수품 ; (Kata Dasar = butuh : 필요 ; 반드시 요구되는 바가 있음) ; Contoh : Kebutuhan manusia semakin meningkat. 인간이 필요로 하는 것은 증가하고 있다.

◉ Pertanyaan-pertanyaan tentang bacaan

1. Keluarga Yanuar ada berapa orang? Dan apa kerjaan Bapak Yanuar?

2. Siapakah nama anak Yanuar dan Felia? Apa arti nama Yafi?

3. Apa kepanjangan dari KB?

4. Ada berapakah anggota keluarga KB ini?

5. Apa tujuan dari KB ini?

◉ Kosakata Keluarga

1. Keluarga kecil 작은 가족
2. Keluarga besar 큰 가족
3. Keluarga Bahagia 행복한 가족
4. Ayah / Bapak 아버지
5. Ibu 어머니
6. Kakak 오빠 / 누나 / 언니 / 형
7. Adik 남동생 / 여동생
8. Bibi 이모
9. Paman 삼촌
10. Nenek 할머니
11. Kakek 할아버지
12. Anak laki laki 아들
13. Anak perempuan 딸
14. Bayi 아이
15. Anak satu-satunya / anak semata wayang / anak tunggal 외동
16. Anak pertama / sulung 큰 아이
17. Anak tengah 중간 아이
18. Anak bungsu 막내 아이
19. Anak kembar 쌍둥이
20. Saudara 형제
21. Sepupu 사촌
22. Keponakan 조카
23. Mertua 시부모 혹은 장인 / 장모
24. Menantu 며느리 / 사위
25. Cucu 손자 / 손녀

Berbagi Cerita

8

1. Seperti apakah orang Korea? Seperti apakah orang Amerika? Dan seperti apakah orang Indonesia?
2. Tahukah anda berasal darimanakah nenek moyang anda?

◉ Bacaan

Orang Indonesia

Sumber dari:http://www.forumbebas.com/thread-65905.html

Orang Indonesia bermacam-macam. Ada yang putih kulitnya, ada yang coklat dan juga ada yang hitam. Sementara itu, rambutnya pun beraneka ragam, ada yang lurus, ada yang ikal, dan ada pula yang keriting. Ada sejumlah orang yang bermata sipit tapi ada banyak yang bermata besar. Kebanyakan bola mata orang Indonesia hitam, tetapi ada pula yang bola matanya coklat muda. Mengapa bisa begitu? Mengapa terdapat begitu beraneka macam orang di Indonesia? Dari pulau ke pulau bahkan daerah ke daerah, orang-orangnya bisa tidak sama.

Orang Indonesia terdiri dari beraneka macam suku dan ras. Darimana pengaruh ini? Anda pasti pernah dengar bahwa Indonesia adalah jajahan Belanda dan Jepang. Indonesia dijajah Belanda selama 350 tahun lamanya, dan dijajah Jepang selama 3, 5 tahun lamanya. Selama itu pasti terdapat banyak pernikahan diantara 2 belah pihak. Selain itu dengan kedatangan para pedagang Cina dan Arab membuat suasana lebih semarak.

Banyak pernikahan diantara 2 belah pihak dan banyak dari para pedagang itu yang akhirnya menetap di tanah air Indonesia. Akan tetapi, ada juga berita yang mengabarkan bahwa nenek moyang Indonesia berasal dari Austronesia, Yunan, dan Hindia. Apakah percampuran ini membuat bangsa Indonesia bercerai berai? Tidak! Karena bangsa Indonesia dilandasi Bhineka Tunggal Ika yang artinya berbeda-beda tetapi satu jua.

인도네시아 사람

출처 : http://www.forumbebas.com/thread-65905.html

인도네시아 사람은 다양하다. 피부가 흰 사람도 있고, 갈색인 사람도 있고, 또한 검은 사람도 있다. 반면, 머리카락도 다양하다. 직모인 사람이 있고, 곱슬인 사람이 있고, 매우 곱슬인 사람도 있다. 가느다란 눈을 가진 사람이 몇몇 있지만 큰 눈을 가진 사람도 많다. 몇몇 인도네시아 사람의 눈동자는 검정색이나, 연한 갈색의 눈동자를 가진 사람도 많다. 어떻게 그것이 가능한가? 인도네시아 사람들에게서 왜 그러한 다양함이 발견되는 것인가? 섬에서 섬으로, 지역에서 지역으로 이동하면, 사람들이 똑같을 수 없다.

인도네시아 사람은 다양한 종족과 인종으로 구성되어 있다. 이 영향은 어디에서 온 것인가? 당신은 분명 인도네시아가 네덜란드와 일본의 식민지였다는 것을 들어본 적이 있을 것이다. 인도네시아는 네덜란드에 의해 350년 동안 식민통치를 받았고, 일본에게는 3.5년 동안 식민통치 받았다. 그 동안 분명히 많은 양측 간의 결혼이 이루어졌을 것이다. 그 외에도, 중국과 아랍 상인들의 방문과 함께 더욱 다양한 분위기를 만들었다.

양측 간의 결혼이 많았고, 상인들 가운데서도 많은 사람들이 결국 인도네시아 땅에 자리를 잡았다. 그러나, 인도네시아 조상이 오스트로네시아, 그리스, 그리고 인도라고 하는 정보도 있다. 이러한 혼합이 인도네시아 민족을 분산되게 만드는가? 아니다! 인도네시아 민족은 "다양하지만 하나"라는 뜻의 비네까 뚱갈 이까에 기초를 두고 있기 때문이다.

- ⊛ Beraneka ragam = 〈ber-〉 여러 종류의 ; 다양하다 ; (Kata Dasar = aneka ragam : 다양한 유형의) ; Contoh : Penduduk Amerika terdiri dari beraneka ragam ras. 미국 시민들은 많은 경쟁들로 씨름하며 산다.

- ⊛ Ikal = 머리칼이 웨이브가 진.

- ⊛ Keriting = 곱슬머리의 ; 고수머리의.

- ⊛ Sipit = (눈이 작고) 가늘게 째진 ; (눈이)크지 않은 : Contoh : Mata Bapak Djunaedi sipit sekali sehingga bila tersenyum hanya terlihat garis. 주대디씨의 눈은 매우 작아서 그가 웃을 때에는 2개의 줄처럼 보인다.

- ⊛ Beraneka macam = 〈ber-〉 여러 가지의 ; 가지각색의 ; (Kata Dasar = aneka macam : 여러 정류) ; Contoh : Taman bunga di Semarang itu mempunyai beraneka macam bunga. 세마랑이 꽃 공원에는 다양한 꽃들이 있다.

- ⊛ Suku = 종족.

- ⊛ Ras = 인종.

- ⊛ Pengaruh = 영향 ; 세력.

- ⊛ Jajahan = 〈-an〉 식민국 혹은 지배지역 ; (Kata Dasar = jajah : 식민지배하다) ; Contoh : Korea adalah jajahan Jepang selama bertahun-tahun. 한국은 수년동안 일본의 식민지였다.

- ⊛ Belah pihak = 측 ; 어떤 무리의 한쪽을 상대적으로 이르는 말 : Contoh : Kontrak itu harus disetujui kedua belah pihak. 저 계약은 양쪽에 의해 동의가 구해졌다.

- ⊛ Kedatangan = 〈ke-〉 도착 ; 도래 ; (Kata Dasar = datang : 오다 ; 도착하다) : Contoh : Kedatangan Ibu guru Tantri sangat dinanti-nantikan murid-murid SD Yusuf. 탄트리씨의 방문은 그녀를 만나길 기대하는 유수프 초등학교 학생들에 의해 기대되어지고 있었다.

- ⊛ Semarak = 빛 ; 광택 : Contoh : Pesta tahun baru kali ini jauh lebih semarak dibanding tahun-tahun yang lalu. 이번 신년파티는 여느해보다 성공적이었다.

⊛ Menetap = 〈me-〉 정착하다 ; (Kata Dasar = tetap : (위치, 가주지 등이) 고정된 ; 정착된) ; Contoh : Karena rasa cintanya pada Indonesia, Bapak Kwan menetap di Indonesia lebih dari 10 tahun lamanya. 그의 인도네시아 사랑때문에, 관씨는 십년 넘게 인도네시아에서 살고 있다.

⊛ Mengabarkan = 〈me-an〉 ~에 대해 소식을 알려주다 / 전하다 ; (Kata Dasar = kabar : 뉴스 ; 소식 ; 보도) ; Contoh : Whitney Houston dikabarkan meninggal karena over dosis. 휘트니휴스턴의 약물과다 복용으로 인한 사망 소식은 취재되어졌다.

⊛ Nenek moyang = 조부모 이전의, 선조, 조상

⊛ Percampuran = 〈per-〉 조상 ; (Kata Dasar = campur : 혼합된 ; 섞인) ; Contoh : Wajah dia unik sekali, karena merupakan campuran dari Afrika-Amerika dan Cina-Indonesia. 그녀의 얼굴은 정말 흔하지 않다, 왜냐하면 그녀는 아프리칸 미국인과 중국계 인도네시아인의 혼혈이기 때문이다.

⊛ Bercerai-berai = 〈ber-〉 흩어지다 ; 분산되다 ; (Kata Dasar = cerai-berai : 분산) : Contoh : Karena tidak tahan oleh sikap suaminya, maka ia meminta cerai. 그녀는 그녀의 남편의 태도를 더이상 견딜 수 없었기에, 그녀는 이혼을 요구했다.

⊛ Dilandasi = 〈di-i〉 기반을 두다 ; (Kata Dasar = landas : 바닥 ; 하층 ; 토대) : Contoh : 1) Pancasila adalah landasan teori hukum di Indonesia. 판차실라는 인도네시아의 법 이론에 기초하고있다. 2) Pesawat itu sudah tinggal landas. 비행기가 이륙했다.

⊛ Jua = 역시 ; ~도 ;

1. Bagaimana kulit orang Indonesia? rambut dan matanya?
2. Negara mana saja yang menjajah Indonesia? Dan berapa lama?
3. Berasal darimanakah para pedagang yang datang ke Indonesia?
4. Mengapa begitu banyak ragam orang Indonesia?
5. Apa arti dari Bhineka Tunggal Ika?

● Kosakota

1. Memperingati = 〈memper-i〉 ~을 기념하다 ; ~을 기리다(Kata Dasar = ingat : 기억하다 ; 잊지 않다)
2. Perayaan = 축하연 ; 경축의식
3. Kontes = 경기 ; 콘테스트
4. Berpidato = 〈ber-〉 연설하다 ; 강연하다 (Kata Dasar = pidato : 연설 ; 강연 ; 강론)
5. Tokoh = (정치 ; 문학 등의) 인물
6. Pahlawan = 영웅 ; 애국자
7. Memperjuangkan = 〈memper-kan〉 ~을 얻으려고 투쟁하다 Kata Dasar = juang : 투쟁하다 ; 어떤 대상을 이기거나 극복하기 위해 싸우다)
8. Hak = 소유 ; 권리
9. Pribumi = 내국인 ; 원주민
10. Berdarah biru = 〈ber-〉 귀족의 후손이다 (Kata Dasar = darah biru : 귀족)
12. Peduli = 걱정하다 ; 신경 쓰다 ; 관심을 가지다
13. Kurang mampu = 가난한, 빈곤한
14. Mendirikan = 〈me-kan〉 설립하다 (Kata Dasar = diri : 세우다 ; 건설하다)
15. Roman = 소설
16. Ilmu pengetahuan = 지식 ; 알고 있는 내용이나 사물
17. Karya = 제작품 ; 창작품

◉ Percakapan(1)

Tia　　　: Yofan, wajah kamu kok agak lain ya?

Yofan : Maksudmu?

Tia　　　: Iya, seperti ada bulenya.

Yofan : Kok tahu saja. Benar, Tia aku ada sedikit bulenya ^^.

Tia　　　: Oh, begitu darimana?

Yofan : Dari kakek nenek Bapakku. Mereka dari Belanda, terus Ibuku
orang Cina Indonesia. Ya, jadinya begini. (sambil menunjukkan
ke diri sendiri)

Tia　　　: Tia, waahhh asyik ya. Makanya tidak heran, kamu begitu cantik.
Nggak ingin ke Belanda Yofan?

Yofan : Ingin dong. Ini aku sedang mencari beasiswa.

Tia　　　: Wah hebat..hebat mudah tidak kira-kira?

Yofan : Gampang-gampang susah sih. Tapi untung aku ada saudara yang
tinggal disana. Kamu sendiri? Katanya ingin ke Korea?

Tia　　　: He he (sambil tersipu-sipu malu) Iya ingin melihat dan bertemu
bintang film. Korea dan menikah dengan orang Korea supaya
anakku campuran seperti kamu pasti nanti hasilnya cantik atau
ganteng.

Yofan : Mikir apa kamu?
Masih 17 tahun kok mikir menikah?!

띠아 : 요판, 넌 얼굴이 약간 다르네.

요판 : 뭔 뜻이야?

띠아 : 응, 혼혈인 것 같다고.

요판 : 어떻게 알았지. 맞아. 띠아, 나 약간 혼혈이야.

띠아 : 오, 그렇구나. 어디?

요판 : 내 친할아버지 친할머니로 부터야. 그들은 네덜란드 사람이고, 그리고 내 어머니는
중국계 인도네시아 사람이야. 응, 그래서 이래 (자기 자신을 가르키면서).

띠아 : 요한, 신기하다. 그래서 너가 그렇게 예쁘게 놀랄 일이 아니구나. 네덜란드로 가고
싶지 않아, 한?

요판 : 가고 싶죠. 난 지금 장학금제도 찾아보고 있어.

띠아 : 와 대단해. 대단해. 쉬워요?

요판 : 쉽기도 하고 어렵기도 하고. 그래도 다행인 것은, 내 친척이 거기에 살고 있거든. 너
는? 너 한국 가고 싶어 한다던데?

띠아 : 헤헤 (부끄러워하면서). 응, 한국 영화배우도 만나 보고 싶고, 그리고 나중에 너처럼
예쁘고 잘생긴 혼혈 아이를 낳도록 한국 사람하고 결혼하고 싶어.

요판 : 너 무슨 생각을 해?
아직 17살인데 결혼을 생각하는 거야?

◉∙Percakapan(2)

Pak Lee	: Kamu asli mana Fitrisia?
Fitrisia	: Saya asli Bandung, Pak Lee.
Pak Lee	: Kalau kamu Salo?
Salo	: Saya asli Papua.
Pak Lee	: Pantesan kamu terlihat lain?
Salo	: Karena kulitku yang hitam dan rambutu yang keriting.
Pak Lee	: (Tersipu-sipu) betul. Tapi, bagaimana bisa terdampar di Jakarta?
Salo	: Bapak saya pedagang Pak Lee. Jadi saya lahir di Papua, tapi dibesarkan di Jakarta karena itu saya bisa ngomong 'elo' 'gue'.
Fitrisia	: Sok tahu lo. Haha... (tertawa)
Salo	: Enak aja. Gue bisa bahasa macam-macam nih. Bahasa Jawa, Sunda, Kalimantan, dan bahasa Inggris. *(Pak Lee dan Fitrisia, tertawa···Hahahaha)*
Pak Lee	: Kalau Fitrisia bagaimana bisa tinggal di Jakarta?
Fitrisia	: Pak Lee, Bandung-Jakarta itu dekat, seperti Suwon-Seoul, cuma macetnya yang beda.
Pak Lee	: Tidak bertengkar ini kalian berdua?
Fitrisia & Salo	: Maksudnya?
Pak Lee	: Iya karena beda suku.
Fitrisia & Salo	: Nggak donk. Kami kan sahabat karib.
Fitrisia	: Kecuali kalo Salo mau merebut pacar gua.
Salo	: Enak aja, siapa yang mau ama pacar elo. (Pak Lee, Fitrisia & Salo tertawa terbahak-bahak Ha Ha Ha..ha)

이 선 생 님 : 너는 어디 출신이니, 피트리시아?

피 트 리 시 아 : 전 반둥출신이에요, 이 선생님.

이 선 생 님 : 살로, 너는?

살   로 : 저는 파푸아 출신이에요.

이 선 생 님 : 너 외모는 달라 보인다.

살   로 : 제 피부는 까맣고 머리카락은 곱슬거리 때문에.

이 선 생 님 : (당황하면서) 맞아. 그런데 어떻게 자카르타에서 있게 되었니?

살   로 : 제 아버지는 상인이에요, 이 선생님. 그래서 저는 파푸아에서 태어났
              지만, 자카르타에서 자랐어요. 그래서 저는 'elo-너(자카르타 방언)',
              'gue-나(자카르타 방언)'와 같은 말을 할 수 있는거에요.

피 트 리 시 아 : 아는 척하긴. 하하(웃음).

살   로 : 좋은 거지. 나는 여러 종류의 언어를 할 수 있거든. 자바어, 순다어,
              깔리만탄어 그리고 영어.
              (이 선생님과 피트리시아는 웃음. 하하하)

이 선 생 님 : 그러면 피트리시아는 어떻게 자카르타에서 살게 되었니?

피 트 리 시 아 : 이 선생님, 반둥과 자카르타는 가까워요. 마치 수원과 서울처럼요. 단
              지 교통체증이 다르긴 하지만요.

이 선 생 님 : 너희 둘은 싸우지 않니?

피트리시아&살로 : 무슨 의미에요?

이 선 생 님 : 응, 너희 종족이 다르잖아.

피트리시아&살로 : 아니에요. 우린 친한 친구잖아요.

피 트 리 시 아 : 살로가 제 애인을 뺏지만 않는다면요.

살   로 : 진정해, 누가 너의 애인을 뺏으려 하겠니.
              (이 선생님, 피트리시아&살로 크게 웃음, 하하하).

◉• Kosakata Percakapan (1)

1. Agak 약간
2. Bule 외국인
3. Makanya 그래서
4. Nggak 일상적인 표현 ; 아니다 ; 아닌데
5. Dong 당연한 표현
6. Beasiswa 장학금
7. Kira-kira 약, ~쯤, ~경
8. Gampang-gampang susah 쉬운데 약간 어려워요
9. Untung 운이 좋다 ; 이익 ; 수익 ; 이윤
10. Tersipu-sipu 부끄럼 타는 ; 수줍은 (듯한)
11. Bintang film 슈퍼스타(대단히 유명한 배우 · 가수 · 운동선수 등)
12. Mikir 일상적인 표현 : 생각하다

◉• Kosakata Percakapan (2)

1. Aslimana 고향
2. Pantesan 〈-an〉 일상적인 표현
3. Terdampar 〈ter-〉 고립
4. Dibesarkan 〈di-an〉 성장[장성]하다
5. 'elo' 'gue' 일상적인 표현 자카르타 : 너 : 나
6. Sok 아는척 ; ~척 하다 ; 마치-인듯이
7. Lo 일상적인 자카르타 강조 : 너
8. Enak aja 일상적인 자카르타 강조 : 안돼죠…^^ 아니거든
9. Nggak donk 일상적인 자카르타 강조 : 아니지..^^ 아니잖아
10. Sahabat karib 친한 친구
11. Gua 일상적인 자카르타 강조 : 나 ; 나 (자카르타에 사용하는 속어)
12. Ama 일상적인 표현 : 함께, ~랑 ; ~와 함께
13. Tertawa terbahak-bahak 크게 웃다

Tempat Beribadah

9

Berbagi Cerita

1. Apakah anda punya kepercayaan? Apa agama anda?
2. Seringkah anda berdoa? Dan dimanakah anda biasanya berdoa?

Bacaan

Sumber:http://id.wikipedia.org/wiki/Agama_di_Indonesia

Agama memiliki peranan penting di Indonesia. Pancasila sebagai ideologi bangsa Indonesia dan menurut UUD 1945 yang menyatakan bahwa "tiap-tiap penduduk diberikan kebebasan untuk memilih agama dan mempraktikan kepercayaannya". Pemerintah Indonesia meresmikan 5 agama yang boleh dianut oleh masyarakat Indonesia. Ke-6 agama itu adalah agama Islam, Kristen, Katholik, Hindu, dan Budha. Menurut hasil survei tahun 2010, 85.1% penduduk Indonesia memeluk agama Islam, 9.2% adalah Protestan, 3.5% beragama Katholik, 1.8% memeluk agama Hindu dan 0.4% beragama Budha.

Pemeluk agama Islam pergi ke Masjid untuk beribadah dan mendekatkan diri ke Allah, Kristen dan Katholik pergi ke gereja untuk memuji Tuhan, sementara itu masyarakat yang memeluk agama Hindu dan Budha pergi ke candi. Orang-orang Indonesia pada umumnya sangat peduli apakah mereka sudah melaksanakan norma-norma yang tercantum di agama mereka, apakah mereka sudah menjadi suatu pemeluk agama yang baik. Orang Indonesia masih belum terbiasa dengan kepercayaan-kepercayaan lain selain lima kepercayaan yang disebutkan diatas : Islam, Kristen, Katholik, Hindu, dan Budha.

종교는 인도네시아에서 중요한 역할을 맡고 있다. 인도네시아 민족의 이데올로기인 빤짜실라와 1945년 헌법은 "모든 국민에게는 종교를 선택하고, 그 신념을 행할 수 있는 자유가 주어진다."라고 말하고 있다. 인도네시아 정부는 인도네시아 사회가 믿어도 되는 5개 종교를 공식화 하였다. 그 5개의 종교는 이슬람, 기독교, 천주교, 힌두교 그리고 불교이다. 2010년 설문조사결과에 의하면, 인도네시아 국민 중 85.1%가 이슬람 종교를 가지고 있으며, 9.2%가 기독교, 3.5%가 천주교, 1.8%가 힌두교 그리고 0.4%가 불교를 가지고 있다.

이슬람교인은 예배를 드리기 위해, 그리고 신과 더 가까워지기 위하여 메스지드(이슬람사원)로 가며, 기독교인과 천주교인은 하나님을 찬양하기 위해 교회로 가고, 동시에 힌두교와 불교인은 사원으로 간다. 인도네시아 사람들은 일반적으로 그들이 그들의 종교에 따라 규범을 행하고 있는가, 그들은 바른 종교인이 되었는가를 매우 신경 쓴다. 인도네시아 사람은 상기에 언급된 5가지 종교 : 이슬람, 기독교, 천주교, 힌두교 그리고 불교, 이외에 다른 종교에 대해서는 아직 익숙하지 않다.

🔅 Peranan = (조직, 사회, 관계 내에서의) 역할.

🔅 Ideologi = 관념론.

🔅 Bangsa = 민족.

🔅 Menurut = 〈me-〉 따르다 ; 따라 이행하다 ; (Kata Dasar = Turut : 함께하다 ; 동참하다) ; Contoh : Menurut Kepala sekolah, sistem pengajaran ini kurang efektif. 원칙에 따르면, 이 교육시스템은 효과적이지 않습니다.

🔅 Menyatakan = 〈me-an〉 설명하다 ; 말하다 ; 언급하다 ; (Kata Dasar = nyata : 증명되다) ; Contoh : Saya menyatakan keberatan akan biaya yang dibebankan ke perusahaan kami. 저는 당신이 우리회사로 넣은 비용을 거절합니다.

🔅 Meresmikan = 〈me-an〉 공식화하다 ; 공언하다 ; (Kata Dasar = resmi : 합법적인 ; 공적인) ; Contoh : Mobil ini resmi menjadi hakmu. 이 차는 서류상으로 당신의 소유이다.

🔅 Memeluk = 〈me-〉 (종교를) 믿다 ; 신봉하다(Kata Dasar = peluk : 포옹 ; 껴안음).

🔅 Pemeluk = 〈pe-〉 신자.

🔅 Beribadah = <ber-> 계율을 따르다 ; 계율대로 행동하다 ; (Kata Dasar = ibadah : 신의 계명을 이행하는 / 따르는 행위) ; Contoh : Amir tidak hanya hormat terhadap ibu guru dan orangtuanya, ia juga sangat rajin beribadah. 아미르씨 또한 기도하는 것을 좋아한다.

🔅 Memuji = 〈me-〉 칭찬하다 ; 찬미하다 ; (Kata Dasar = puji : 칭찬 ; 찬양 ; 찬미) ; Contoh : Ibu Lili suka sekali memuji-muji anaknya sendiri. 릴리씨는 그녀의 딸에게 칭찬해 주는 것을 매우 좋아한다.

🔅 Peduli = 걱정하다 ; 신경 쓰다 ; 관심을 가지다.

🔅 Melaksanakan = 〈me-an〉 수행하다 ; 이행하다 ; (Kata Dasar = laksana : 수행 ; 이행) ; Contoh : Saya akan melaksanakan apapun yang Tuan perintahkan. 당신이 저에게 무엇을 명령하든 저는 할 것입니다.

⊛ Norma = 규범 ; 규정.

⊛ Tercantum = 〈ter-〉 포함되다 ; 내포되다 ; (Kata Dasar = cantum : 포함하다 ; 내포하다) ; Contoh : Anda tidak bisa mengelak, hal itu tercantum di peraturan. 당신은 거절할 수 없습니다, 이것은 규칙에 의해 쓰여졌습니다,

⊛ Terbiasa = 〈ter-〉 습관적인 ; (Kata Dasar = biasa : 보통의) ; Contoh : Saya sudah terbiasa oleh omelan istri saya. 저는 저의 아내의 불평에 익숙합니다.

Pertanyaan-pertanyaan mengenai bacaan

1. Bangsa Indonesia menganut berapa agama?
2. Apakah masyarakat Indonesia boleh menganut lebih dari dua agama?
3. Mayoritas penduduk Indonesia beragama apa?
4. Apa nama tempat ibadah umat Hindu dan Budha?
5. Bagaimanakah kira-kira pandangan orang Indonesia terhadap seseorang yang tidak mempunyai agama?

Kosakata

1. Kepercayaan 신념 ; 확신
2. Percaya 믿다 ; 신뢰하다
3. Doa 기도 ; 빌기
4. Berdoa 기도하다
5. Ibadah 신의 계명을 이행하는 / 따르는 행위
6. Beribadah 계율을 따르다 ; 계율대로 행동하다
7. Sholat 무슬림의 기도
8. Puasa 금식을 하다
9. Hari raya 명절 ; 경축일
10. Alquran 코오란 ; 이슬람의 성전 / 경전
11. Alkitab 성경
12. Mesjid 이슬람의 사원
13. Gereja 교회
14. Candi 힌두교 혹은 불교 사원
15. Dosa (종교, 도덕상의) 죄 ; 죄악

◉ Percakapan(1)

Deddy　　　: Sore. Pak Baek.

Pak Baek : Sore. Pak Deddy. (Tiba-tiba ada suara solat Magrib).

Deddy　　　: Ha ha... Jangan kaget Pak Baek. Itu suara solat Magrib.

Pak Baek : Dimana asalnya ya?

Deddy　　　: Pak Baek, rumah saya kan dekat Masjid. Kira-kira 10 menit dari sini jika jalan kaki.

Pak Baek : Oh Pak Deddy kok tidak solat? Karena saya ya. Maaf lho...

Deddy　　　: Santai saja Pak Baek santai saja. Kita juga pulang terlambat karena macet kan, bukan karena Pak Baek kok.

Pak Baek : Syukurlah karena kalo benar-benar karena saya, kan saya jadi tidak enak.

Deddy　　　: Haha..Masuk dulu Pak Baek.

Pak Baek : Iya. Terima kasih.

데 디 : 안녕하세요. 백 씨.

백 씨 : 안녕하세요. 데디 씨. (갑자기 마그립 시간 기도소리가 들림).

데 디 : 하하…. 백 씨 놀라지 마세요. 저거 마그립 기도 소리에요.

백 씨 : 어디에서 나오는 거에요?

데 디 : 백 씨, 저희 집은 이슬람 사원하고 가깝잖아요. 걷는다면, 여기에서 약 10분 정도 걸려요.

백 씨 : 아, 데디 씨는 기도하지 않아요? 저 때문이군요, 죄송해요.

데 디 : 진정해요, 백 씨. 괜찮아요. 우리도 교통체증 때문에 늦게 귀가했잖아요. 백 씨 때문이 아니에요.

백 씨 : 그렇다면 다행이에요. 저 때문이면 제가 편하지가 않아요.

데 디 : 하하. 백 씨 우선 들어오세요.

백 씨 : 네, 감사합니다.

◉ Percakapan(2)

Pak Kim : Ibu Ina agamanya apa?

Ibu Ina : Pak Kim, saya agamanya Katholik.

Pak Kim : Apa semua anggota keluarga Ibu beragama Katholik?

Ibu Ina : Kalau dari keluarga saya semuanya Katholik.
Tapi kalau keluarga besar ada bermacam-macam ada Kristen, ada Budha dan ada Islam juga.

Pak Kim : Kalau gereja Katholik dan Kristen apakah tidak sama?

Ibu Ina : Betul Pak Kim. Kalo gereja Katholik ada gambar Yesusnya di salib dan kalo Kristen tidak ada.

Pak Kim : Kalo orang beragama Budha perginya kemana ya Ibu Ina?

Ibu Ina : Kalo Budha ke klenteng Pak Kim.

Pak Kim : Siapa yang Islam Ibu Ina?

Ibu Ina : Oh keponakan saya ada yang menikah dengan seorang gadis beragama Islam maka dari itu ia pun menjadi Islam.

Pak Kim : Karena cinta ya. Hmm di Korea juga ada orang Korea yang beragama Islam.

Ibu Ina : Masa Pak Kim····.saya tidak pernah dengar.

Pak Kim : Memang ada kok. Di Indonesia juga banyak Islam Korea. Ada situsnya Ibu Ina, nanti bisa saya perlihatkan. Satu hal lagi, kenapa tidak ada yang beragama Hindu?

Ibu Ina : Waduh, kenapa ya? Hmm mungkin karena dari keluarga besar saya tidak ada yang tinggal di Bali.

김　　씨 : 이나 씨 종교가 뭐에요?

이나 씨 : 김 씨, 전 천주교에요.

김　　씨 : 아주머니 가족 모두가 천주교 종교를 가지고 있나요?

이나 씨 : 제 가족은 모두 천주교에요. 하지만 친척 중에는 기독교, 불교, 그리고 이슬람과
　　　　　같이 여러 종교가 있어요.

김　　씨 : 천주교 교회와 기독교 교회는 같지 않나요?

이나 씨 : 맞아요, 김 씨. 천주교 교회에는 십자가에 예수님 그림을 그려 넣지만, 기독교 교
　　　　　회에는 없어요.

김　　씨 : 불교인의 경우에는, 어디로 가요, 이나 씨?

이나 씨 : 불교인은 절로 가요, 김 씨.

김　　씨 : 누가 이슬람이에요, 이나 씨?

이나 씨 : 제 조카 중에는 이슬람 종교 여성과 결혼한 조카가 있어요. 그래서 그는 그 이후
　　　　　에 이슬람이 되었죠.

김　　씨 : 사랑 때문이네요. 음, 한국에도 이슬람 종교를 가지고 있는 한국인이 있어요.

이나 씨 : 정말요 김씨. 전 들어본 적 없어요.

김　　씨 : 당연히 있죠. 인도네시아에도 많은 한국 이슬람이 있잖아요. 웹사이트
　　　　　있어요. 이나 씨 나중에 제가 보여드릴께요. 하나 더, 왜 힌두 종교는 없나요?

이나 씨 : 와, 왜 그럴까요? 음, 왜냐하면 제 친척 중에는 발리에 사는 사람이 없기 때문인
　　　　　것 같아요.

◉• Kosakata Percapakan(1)

1. Solat magrib 마그립 시간 기도 ; (회교
   도의) 해지는 무렵의 기도 ; 일몰기도.
2. Kaget 놀란, 놀라는 ; (예상 못해서, 의아
   해서) 깜짝 놀라다.
3. Santai aja 걱정하지 마세요 ; 침착해.
4. Jadi tidak enak 편하지 않다 ; 다른 사람
   에게 부담을 주다 ; 불편한 느낌이 있다.

◉• Kosakata Percapakan(2)

1. Yesus 예수님 ; 예수 그리스도
2. Salib 십자가 ; 열십자 표시
3. Klenteng 신전 ; 인도네시아 불교인들의
   사원
4. Waduh 어머나

Berbagi Cerita

10

1. Apakah anda sering belanja? Berapa bulan sekali anda belanja? Dimana Anda biasanya belanja?
2. Bagaimanakah menurut anda tentang pasar tradisional?

 **Bacaan**

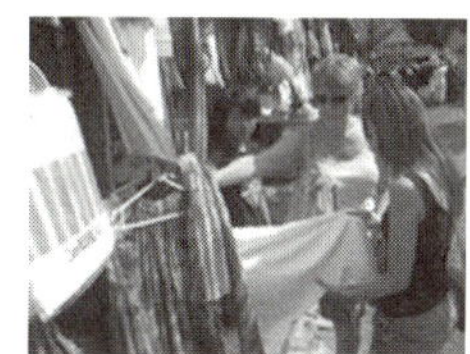

Jika anda berlibur ke Indonesia sempatkan pergi ke pasar tradisionalnya. Di pasar tradisional bukan hanya menjual bahan pangan tetapi juga kebutuhan pokok dan jajanan. Pasar biasanya selalu ada di setiap daerah perumahan, ada juga di daerah kecamatan. Jika kita membutuhkan dalam jumlah yang besar bukan eceran atau mempunyai bisnis restoran, kita harus pergi ke pasar besar. Banyak ibu-ibu setengah baya maupun yang sudah tua berjualan masakan Indonesia dan makanan ringan yang disebut juga sebagai jajanan pasar. Barang-barang di pasar jauh lebih murah daripada di supermarket, apalagi jika anda sudah punya langganan ataupun punya bakat tawar-menawar.

Waktu saya kecil, saya sering pergi ke pasar biasanya dengan ibu atau pembantu. Saya suka memperhatikan ibu dan pembantu sewaktu berbelanja. Kadang-kadang mereka tidak hanya mencari dan membeli barang tetapi mengobrol sampai lama sehingga saya jika sarapan di pasar sambil menunggu mereka. Kebutuhan pokok yang biasa ibu dan pembantu saya beli adalah bahan-bahan masakan dan jajanan pasar. Bahan-bahan masakan yang mereka selalu beli adalah bawang merah, bawang putih, lengkuas, cabe, wortel, kubis, daging ayam, dan ikan. Sedangkan jajanan pasar yang mereka selalu beli adalah ketan, lemper, dan ote-ote. Kadang-kadang jika ibu saya malas memasak, ia selalu membeli nasi pecel atau nasi campur.

당신이 인도네시아로 휴가를 간다면, 재래시장을 가 볼 기회를 만들어라. 재래시장에서는 단지 음식을 파는 것 뿐만 아니라 주요 필수품과 주전부리, 간식을 팔기도 한다. 일반적으로 시장은 모든 주거지역에 항상 있다, 면 지역(시골 지역)에도 있다. 만약 우리가 소매가 아닌 도매 양이 필요할 경우 혹은 식당을 운영하는 경우 큰 시장에 가야 한다. 많은 중년의 아주머니 혹은 연세 드신 할머니들이 인도네시아 음식과 시장 주전부리라고 불리는 간식들을 판다. 시장의 물건들은 슈퍼마켓보다 훨씬 저렴하며, 특히 당신의 단골 가게가 있을 경우 혹은 흥정에 뛰어날 경우 더욱 그러하다.

내가 어렸을 때, 나는 대개 어머니 혹은 가정부와 함께 시장에 자주 갔다. 나는 쇼핑할 때 어머니와 가정부를 구경하는 것을 좋아했다. 가끔 그들은 물건을 찾고 사는 것뿐만 아니라, 수다를 떨기도 했으며, 그들을 기다리다가 시장에서 아침 식사를 할 정도로 오랫동안 기다릴 때도 있었다. 일반적으로 어머니와 가정부가 구입하는 주요 필수품은 음식 재료들과 시장 주전부리였다. 그들이 항상 사는 음식 재료는 양파, 마늘, 랭꾸아스, 고추, 당근, 양배추, 닭고기 그리고 생선이었다. 또한 그들이 항상 사는 시장 주전부리는 찹쌀과자, 램뻬르, 오떼-오떼였다. 가끔 어머니가 음식 하기 귀찮으실 때, 항상 나시뻬쩰 혹은 나시 짬뿌르를 사오시곤 하셨다.

㉠ Sempatkan = ⟨-kan⟩ ~할 시간 / 기회를 만들다 ; (Kata Dasar = sempat : 기회가 있다) ; Contoh : Ayo, sempatkan untuk berolah raga supaya sehat. 이봐, 운동할 수 있게 시간을 내봐, 그럼 너는 항상 건강할거야.

㉠ Bahan pangan = 음식 ; 음식물.

㉠ Kebutuhan pokok = 기본수요.

㉠ Jajanan = ⟨-an⟩ 군것질 류 ; 스낵 ; (Kata Dasar = jajan : 구멍가게에서 간단한 음식을 사다).

㉠ Eceran = ⟨-an⟩ 소매 ; (Kata Dasar = ecer : 소매하다 ; 소매로 팔다).

㉠ Setengah baya = 중년.

㉠ Makanan ringan = 간단한 식사 ; 간식.

㉠ Langganan = 고객 ; 단골손님.

㉠ Pembantu = ⟨pe-⟩ 가정부 ; (Kata Dasar = bantu : 돕다 ; 지지하다).

㉠ Memperhatikan = ⟨memper-kan⟩ 주목하다 ; 관찰하다 ; (Kata Dasar = hati : 감정 ; 가슴 ; 마음) ; Contoh : Eh, dari tadi kamu diperhatikan pria tampan dibelakang itu. 이봐, 그쪽에 앉아있는 잘생긴 남자가 당신을 바라보고 있어요.

㉠ Mengobrol = ⟨me-⟩ 한담하다 ; 잡담하다 ; (Kata Dasar = obrol : 한담하다 ; 잡담하다) ; Contoh : Ibu-ibu pada umumnya memang suka mengobrol berjam-jam. 보통적으로 엄마들은 몇 시간동안 이야기하는 것을 좋아해요.

㉠ Sarapan = 아침 식사.

㉠ Menunggu = ⟨me-⟩ 기다리다 ; (Kata Dasar = tunggu : (잠시 머물며) 지키다 ; 경호하다) ; Contoh : Saya akan selalu menunggumu. 나는 항상 널 위해 기다릴께.

㉠ Bawang merah = 붉은 양파.

㉠ Bawang putih = 마늘.

☯ Lengkuas = 양강근.

☯ Cabe = 고추 ; 칠리.

☯ Wortel = 당근.

☯ Kubis = 양배추.

☯ Ketan = 찹쌀.

☯ Lemper = (다진 고기를 넣은) 찰밥을 바나나 잎에 싸서 만든 간식용 음식.

☯ Ote-ote = 밀가루, 당근, 파, 계란, 새우로 만든 음식. 튀김 음식이다.

☯ Nasi pecel = 밥, 야채와 고추, 땅콩, 타마 린드, 코코넛 설탕으로 만드는 소스.

☯ Nasi campur = 밥에 야채 등의 반찬을 덮은 끼니거리.

◉ Pertanyaan-pertanyaan mengenai bacaan

1. Dimana biasanya letak pasar?
2. Sewaktu penulis ini masih kecil seringkah ia pergi ke pasar? Dengan siapa biasanya ia pergi ke pasar?
3. Barang-barang apa saja yang bisa ditemui di pasar?
4. Bahan kebutuhan pokok apa saja yang biasanya ibu dan pembantu penulis ini beli?
5. Jika ibu si penulis ini malas memasak, ia biasanya membeli apa dari pasar?

◉ Kosakata Pasar

1. Penjual = 판매자	5. Laris = 많이 팔다
2. Pedagang = 상인	6. Pelanggan = 고객
3. Pembeli = 구매자	7. Murah = 싼
4. Kulakan = 판매	8. Mahal = 비싼

◉ Percakapan(1)

Touge, wortel

Ibu Kim　：Wah touge dan wortel disini kecil-kecil ya.

Bu Wati　：Kalau touge dan wortel Korea besar-besar ya?

Ibu Kim　：Ya. Ini belinya bagaimana Bu Wati?

Bu Wati　：Biasanya per gram atau setengah kilo atau juga per kilo

Ibu Kim　：Saya ingin membuat cah kangkung dan nasi goreng, jadi cuma butuh sedikit mungkin hanya 250 gram.
Bu, tolong tougenya 250 gram dan wortelnya juga sama ya 250 gram saja.

Bu Pasar：Baik Bu.

숙주나물, 당근

김　　　씨 : 와, 여기 숙주나물과 당근은 작네요.

와　띠　씨 : 한국의 숙주나물과 당근은 커요?

김　　　씨 : 네, 이거 어떻게 사면 돼요, 와띠 씨?

와　띠　씨 : 대개 그램 당 혹은 500그램, 1킬로로 사요.

김　　　씨 : 저는 깡꿍나물 요리와 볶음밥을 만들려고 해요, 그래서 조금만, 한 250그램만 필요할 것 같아요. 아주머니, 숙주나물 250그램하고 당근도 똑같이 250그램만 주세요.

시장 아주머니 : 좋아요, 아주머니.

Jajanan Pasar

Ibu Kim : Ini apa Bu Wati? Lucu-lucu ya dan berwarna-warni.

Bu Wati : Ini namanya jajanan pasar, Bu Kim.

Ibu Kim : Lucu ya. Terbuat dari apa ya?

Bu Wati : Biasanya terbuat dari santan.
　　　　　Kesukaan saya yang ini. (sambil menunjuk ke suatu jajanan)

Ibu Kim : Apa itu?

Bu Wati : Ini namanya klepon Bu Kim. Hijau-hijau dan bulat-bulat,
　　　　　ditaburi parutan kelapa diatasnya. Coba deh.

Ibu Kim : OK saya coba. (Sambil mengunyah).
　　　　　Enak ya. Oh yang ini dan yang ini saya tahu.
　　　　　Kue lapis dan onde-onde!

Bu Wati : Betul. Saya belikan untuk Bu Kim ya.

Ibu Kim : Jangan-jangan Bu Wati. Saya bisa beli sendiri.

Bu Wati : Tidak apa-apa Bu Kim. Saya sudah rencana beli banyak untuk
　　　　　arisan nanti.

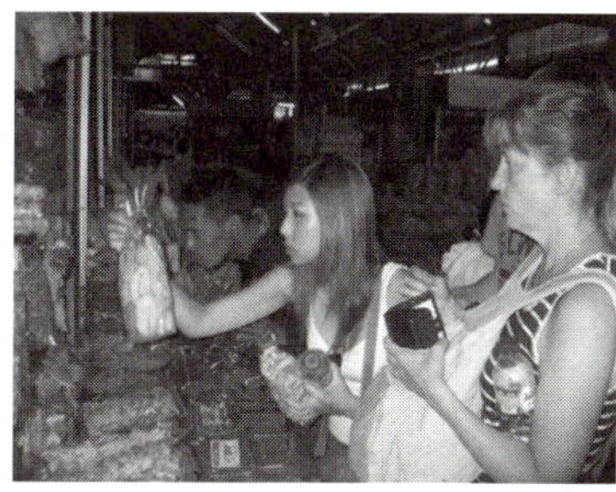

시장 길거리 음식

김　　씨 : 이거 뭐에요, 와띠 씨? 귀엽고 다양한 색깔인데요.

와띠 씨 : 이건 시장 길거리 음식이라고 해요, 김 씨.

김　　씨 : 귀여워요. 뭐로 만든 거에요?

와띠 씨 : 대개 야자유로 만들어요. 제가 좋아하는 건 이거에요. (어떤 길거리 음식을 가르키면서).

김　　씨 : 저 것은 뭐에요?

와띠 씨 : 이건 끌레뽄이라고 해요, 김 씨. 녹색에 둥그스름하고, 위에는 야자가루가 뿌려져 있어요. 한 번 먹어봐요.

김　　씨 : 좋아요. 저 한번 먹어볼게요 (씹으면서). 맛있어요. 이거랑 이거는 제가 알아요. 꾸에라삐스와 온데온데잖아요!

와띠 씨 : 맞아요. 제가 김 씨를 위해서 사드릴게요.

김　　씨 : 그러지 마세요 와띠 씨. 저 혼자 살 수 있어요.

와띠 씨 : 괜찮아요 와띠 씨. 저 이따가 있는 계 모임 위해서 많이 사려고 생각했었어요.

◉• Kosakota Percakapan(2)

1. Jajanan pasar 시장 길거리 음식 ; 간식으로서의 시장에서 사는 과자류 혹은 과일류

2. Santan 야자유 ; 야자를 갈아 짜낸 물 ; 야자액즙

3. Ditaburi 뿌리다

4. Parutan 야자가루

5. Rencana 계획

6. Arisan 모임(보통 결혼한 여자분들의 모임) ; 회원들 모임 계

Hewan-hewan di Indonesia

Berbagi Cerita

1. Apakah anda seorang penyayang binatang?
2. Tahukah anda binatang-binatang apa yang terdapat di Indonesia?

11

◉• Bacaan

Binatang Langka

Indonesia tidak saja kaya akan budaya, tempat wisata maupun kekayaan alam, tetapi juga binatang. Tidak heran jika banyak wisatawan yang datang ke Indonesia untuk menjelajahi hutan belantara dan lautan Indonesia untuk melihat, memotret dan mempelajari binatang-binatang buas dan langka di Indonesia. Akan tetapi banyak satwa Indonesia yang menjadi langka bahkan terancam punah. Penyebabnya adalah perubahan kondisi alam, jarangnya hewan pemangsa yang menyebabkan binatang-binatang ini kelaparan dan juga perburuan liar dan perluasan daerah yang dilakukan manusia.

Berikut daftar binatang mamalia yang paling langka di Indonesia berdasarkan populasi yang diberikan oleh IUCN Redlist (2010) : (1) Badak Jawa. Badak jenis ini hanya terdapat di Ujung Kulon dengan jumlah populasi hanya 20-27 ekor ; (2) Badak Sumatera. Populasinya diperkirakan kurang dari 200 ekor ; (3). Macan Tutul Jawa atau yang juga dikenal dengan Macan Kumbang. Jumlahnya kurang dari 250 ekor ; (4). Rusa Bawean ; (5). Harimau Sumatera ; (6). Beruk Mentawai. Satwa ini berasal dari kepulauan Mentawai, populasinya antara 2,100-3,700 ekor ;

(7). Simpei Mentawai ; (8). Kangguru Pohon Mantel Emas ; (9). Kera Hitam Sulawesi ; (10). Kangguru Pohon Mbaiso atau Dingiso ; (11) Dan yang terakhir merupakan hewan yang dikenal seluruh penjuru dunia adalah Orangutan Sumatera. Jumlah spesies ini kurang dari 8,000 ekor menurut berita terakhir.

인도네시아는 문화, 관광지, 자연환경만 풍부한 것이 아니라 동물 또한 그러하다. 많은 관광객들이 인도네시아 정글과 해양을 탐험하기 위하여, 그리고 인도네시아의 희귀하고 사나운 동물들을 촬영하고 연구하기 위하여 인도네시아로 오는 것은 놀랄 일이 아니다. 그러나 희귀한 인도네시아의 많은 동물들이 사라질 위협을 받고 있다. 그 이유는 자연환경의 변화와 이 동물들이 배고픔에 시달리게 되는 문제를 야기하는 하부먹이구조가 감소하고, 인간에 의한 야생사냥 영역이 넓혀지고 있기 때문이다.

다음은 IUCN 레드리스트(2010)에 의한 인도네시아의 최고 희귀 포유류의 개체 수 목록이다. : (1) 자바 코뿔소. 이 코뿔소 종류는 우중 꿀론에서만 발견되며 그 수는 단지 20~27마리에 불과하다. (2) 수마트라 코뿔소. 그 수는 200마리가 안 되는 것으로 추정된다. (3) 자바 표범 혹은 검은 호랑이라고도 불림. 그 수는 250마리가 안 되는 것으로 추정된다. (4) 바웨안 사슴. (5) 수마트라 호랑이. (6) 믄따와이 원숭이. 이 종은 믄따와이 섬에서 나왔으며, 그 수는 2,100~3,700마리 사이이다. (7) 믄따와이 심뻬이. (8) 황금 외투 나무 캥거루. (9) 술라웨시 검정원숭이. (10) 바이소 혹은 딩이소 나무 캥거루. (11) 마지막으로 세계 모든 사냥꾼들에게 유명한 수마트라 오랑우딴이다. 이 종의 총 개체 수는 최종 확인에 의하면 8,000마리가 안 되는 것으로 추정된다.

㊆ Menjelajahi = 〈me-i〉 탐험하다 ; 답사하다 ; 관찰하다 ; (Kata Dasar = jelajah : 탐험하다 ; 답사하다 ; 관찰하다) ; Contoh : Untuk membuat dokumentari itu, mereka menjelajahi seluruh pelosok hutan di Sumatera. 그 다큐멘터리를 만들기 위해, 그들은 수마트라의 모든 정글들에 갔었다.

㊆ Hutan belantara = 정글.

㊆ Memotret = 〈me-〉사진 찍다 ; (Kata Dasar = potret : 사진 ; 상, 그림).

㊆ Mempelajari = 〈me-i〉공부하다(Kata Dasar = pelajar : 학생) ; Contoh : Nita mempelajari bisnis internasional. 니타는 국제 비즈니스에 대해 공부하고 있다.

㊆ Binatang buas = 사나운 동물.

㊆ Binatang langka = 희귀한 동물.

㊆ Satwa = 동물.

㊆ Terancam = 〈ter-〉 위협당하다 ; (Kata Dasar = ancam : 위협).

㊆ Punah = 단절된.

㊆ Perubahan = 〈pe-an〉변화 ; (Kata Dasar = ubah : 변화).

㊆ Perburuan liar = 〈per-an〉 사냥감 ; (Kata Dasar = buru : 사냥하다) ; liar = 야생.

㊆ Perluasan daerah = 〈per-an〉 넓힘 ; 늘림 ; 확장 ; (Kata Dasar = luas : 넓은) ; daerah = 지역.

㊆ Kepulauan = 〈ke-an〉군도 ; 도서 ; (Kata Dasar = pulau : 섬) ; Contoh : Indonesia adalah negara kepulauan. 인도네시아는 섬나라이다.

㊆ Penjuru = 〈pe-〉 모서리 ; (Kata Dasar = juru : 전문가 ; 숙련가).

㊆ Spesies = 종.

◉ Pertanyaan-pertanyaan mengenai bacaan

1.Mengapa banyak wisatawan datang menjelajahi hutan Indonesia?

2.Apa penyebab punahnya suatu jenis binatang?

3.Ada berapa jenis mamalia di Indonesia yang tergolong langka?

4.Dimana anda bisa menjumpai orang utan?

5.Dimana anda bisa menjumpai badak Jawa?

◉ Kosakota Hotel / Villa

1. Binatang peliharaan 애완 동물	6. Binatang tropis 열
2. Hewan ternak 자축 동물	7. Serangga 보호 동물
3. Mamalia 포유 동물	8. Binatang berbisa 유
4. Reptil 파행 동물	9. Racun 독한 동물
5. Binatang buas 사나운 동물	10. Gigit 물다 ; 깨물다

Young Ju : Saya ingin pelihara anjing di rumah. Beli anjing dimana ya?
Steve   : Young Ju, kan tinggal di kost? Susah sepertinya.
Young Ju : Jadi tidak boleh <u>pelihara</u> binatang?
Steve   : Setahu saya susah tuh, tapi mungkin juga boleh.
Young Ju : Kamu tahu tempat kostku kan? Ada halaman depan dan
           halaman belakang? Terus dikamarku ada kamar mandi sendiri.
Steve   : <u>Setahu gue</u>. Kalau ikan dan kura-kura tidak apa-apa sih.
           Coba kamu tanya saja <u>siapa tahu boleh</u> ^^.

영 주 : 나는 집에서 강아지를 키우고 싶어. 강아지는 어디에서 사?
스티브 : 영주, 꼬스에 살지 않아? 아마 어려울 거야.
영 주 : 그러면 동물을 키울 수가 없어?
스티브 : 내가 알기로는 어려울 거야, 하지만 아마 될 수도 있고.
영 주 : 너 내 <u>꼬스</u> 알지 않아? 앞 정원과 뒷 정원이 있잖아. 또 내 방 안에는 화장실도
         따로 있고.
스티브 : 내가 알기로는, 물고기와 거북이는 괜찮아. 한 번 해도 되는 지 다른 사람에게 물
         어봐 봐.

◉ Percakapan(2)

Suk Kyoung	: Di Indonesia ini banyak binatang buas ya?
Steve	: Tidak. Binatang buasnya cuma Bambang kok.
Bambang	: Ngaco elo.
	Ehmm... Young Ju disini ada orang utan, harimau dan komodo dragon.
Suk Kyoung	: Pernah lihat kalian?
Steve& Bambang	: Iya donk. Di kebun binatang
Suk Kyoung	: Aaaahhhh apa ini?!!! (Tiba-tiba menjerit!!!)
Bambang	: Oh ini cicak.
Suk Kyounh	: Oh baru pertama kali lihat.
Steve	: Ini bayi komodo dragon
Suk Kyoung	: Haaaa???!!!
Bambang	: Sudah jangan ngaco kamu. Young Ju sudah jantungan begini, kok
	Kamu terus takut-takutin.
Steve	: Maaf, ya maaf. Cicak tidak berbahaya kok, biasanya ada didinding.
Suk Kyoung	: Tidak menggigit kan?
Steve	: Tidak. Kalo Bambang bisa menggigit.
Bambang	: Diam elo.

숙　　　　영 : 여기 인도네시아에는 사나운 동물이 많나 봐?

스　티　　브 : 아니. 사나운 동물은 밤방 뿐이야.

밤　　　　방 : 장난치지마. 음, 영주야 여기 오랑우탄, 호랑이 그리고 코모도가 있어.

숙　　　　영 : 너희들은 본 적 있어?

스티브&밤방 : 그럼. 동물원에서.

숙　　　　영 : 아, 이거 뭐야?!! (갑자기 소리지른다)

밤　　　　방 : 아 이건 찌짝이야.

숙　　　　영 : 처음 봐.

스　티　　브 : 이거 코모도 새끼야.

숙　　　　영 : 어??!!

밤　　　　방 : 너 장난 그만해. 네가 계속 놀래켜서 숙영이 심장마비 오겠다.

스　티　　브 : 미안, 미안해. 찌짝은 위험하지 않아, 보통 벽에 있어.

숙　　　　영 : 물지 않아?

스　티　　브 : 아니. 밤방이 물 수 있지.

밤　　　　방 : 조용히 해.

◉• Kosakata Percakapan(1)

1. Pelihara = 유지 ; 지키다 ; 돌보다

2. Setahu gue = 내가 알기로는…

3. Siapa tahu boleh = 혹시 가능하면…

◉• Kosakata Percakapan(2)

1. Ngaco = 장난

2. Baru pertama kali = 처음으로…

3. Sudah jantungan = 〈-an〉 심장마비가
오다

4. Takut-takutin = 〈-in〉 깜짝 놀라게 하다

5. Menggigit = 〈meng-〉 물다

Kerja

Berbagi Cerita

1. Bagaimana jam kerja di negara anda? Dan bagaimanakah kode etik negara anda?
2. Jenis pekerjaan apa yang paling menguras tenaga dan otak menurut anda?

12

◉ Bacaan

Orang Indonesia biasanya bekerja 5 sampai 6 hari seminggu, 8 jam sehari. Jam kerjanya tentu saja tergantung jenis pekerjaan, tetapi biasanya pekerja kantor bekerja dari jam 8 pagi sampai 4 sore. Ada banyak yang jam kerjanya dari jam 9 sampai jam 5 sore. Sabtu dan Minggu biasanya libur, tetapi lain lagi bila anda bekerja di bidang perhotelan, tempat-tempat wisata, pusat perbelanjaan, restoran, dan pabrik. Hari libur orang-orang yang bekerja di bidang ini bisa pada hari biasa (Senin-Jumat).

Orang Indonesia biasanya sangat sensitif mengenai gaji dan pekerjaan yang harus dilakukannya. Misalnya jika di suatu kantor kedatangan tamu, biasanya ada petugas tersendiri yang membuat kopi, teh untuk disajikan ke tamu bukan karyawan perusahaan. Semua orang berpatokan pada tugasnya masing-masing. Jadi, jika meminta karyawan Indonesia untuk mengerjakan sesuatu yang bukan tercantum di deskripsi pekerjaan saat menandatangani surat kontrak, mereka bisa tersinggung dan marah.

Selain itu, menanyakan gaji seseorang bisa dianggap aneh atau kurang sopan bagi orang Indonesia, meskipun orang itu adalah saudara. Tetapi anda bisa menanyakan gaji umum berdasarkan profesi. 'Maaf, kalau boleh tanya berapakah gaji pegawai bank biasanya di Indonesia?', pertanyaan seperti ini tergolong sopan, dan biasanya orang Indonesia tidak memberitahu angka yang tepat. 'Sekitar 3 sampai 3, 5 juta rupiah', kira-kira seperti ini jawaban yang mereka berikan.

인도네시아 사람은 보통 하루에 8시간씩 일주일에 5일에서 6일 일합니다. 근무시간은 물론 직업에 따라 다르지만, 보통 사무직 직원은 오전 8시부터 오후 4시까지 일합니다. 9시에서 5시까지 일하는 사람도 많습니다. 토요일과 일요일은 보통 휴무이지만, 당신이 호텔업계, 관광지, 쇼핑센터, 레스토랑, 그리고 공장에서 일한다면 달라집니다. 이 분야에서 일하는 사람들의 휴가는 평일(월~금)이 될 수 있습니다.

인도네시아인은 보통 월급과 담당업무에 대해 매우 민감합니다. 예를 들어, 사무실에 손님이 오면, 손님에게 대접할 커피나 차를 타는 사람은 회사 직원이 아니고 담당자가 따로 있습니다. 모든 사람들은 제 각각의 업무를 하도록 되어있습니다. 그래서 만약 인도네시아 직원에게 그가 서명했던 계약서 상의 업무 설명에 포함되지 않은 다른 일을 시킨다면 그들은 기분이 나쁘고 화가 날 것입니다.

그 외, 어떤 사람의 월급에 대해 묻는 일은 인도네시아인에게 있어서 이상하거나 예의에 어긋난다고 여겨질 수 있습니다. 설사 그 사람이 형제라고 할 지라도 말입니다. 하지만 당신은 직업에 근거한 일반적인 월급을 물어볼 수 있습니다. '죄송합니다만, 인도네시아에서 보통 은행직원의 월급이 얼마인지 물어봐도 될까요?'와 같은 질문은 예의가 있는 편에 속합니다. 그리고 보통 인도네시아 사람들은 정확한 숫자를 알려주지 않습니다. 그들은 대략 이렇게 답할 것입니다. '대충 3백만에서 3백 50만 루피아입니다.'

㉮ Bidang = 분야 ; 여러 갈래로 나누어진 범위나 부분.

㉮ Perhotelan = 〈per-an〉환대 ; (Kata Dasar = hotel : 호텔 ; 비교적 규모가 큰 서양식 고급 여관).

㉮ Pusat Perbelanjaan = 쇼핑센터 ; 여러 가지 물건을 살 수 있도록 상점들이 모여 있는 곳.

㉮ Pabrik = 공장 ; 원료나 재료를 가공하여 물건을 만들어 내는 설비를 갖춘 곳.

㉮ Hari libur = 휴가 ; 학교, 군대 따위의 단체에서, 일정한 기간 동안 쉬는 일.

㉮ Sensitif = 감수성이 강한 ; 민감함.

㉮ Mengenai = 〈me-i〉 무엇에 대해 ; (Kata Dasar = kena : 목표물에 맞다 ; 명중하다) ; Contoh : Saya kurang tahu mengenai hal itu. 저는 이런 문제들에 익숙하지 않습니다.

㉮ Petugas = 업무 수행자 ; 직원.

㉮ Disajikan = 〈di-kan〉 ; (Kata Dasar = saji : 차리다 ; 토론할 문제들을 제시하다).

㉮ Berpatokan = 〈ber-an〉 ~에 근거하여 ; (Kata Dasar = patok : 기둥막대기 ; 말뚝) ; Contoh : Penelitian itu berpatokan pada formula yang ditemukan oleh Profesor Ali. 그 연구결과는 알리교수님이 찾은 공식에 기초하고 있습니다.

㉮ Tercantum = 〈ter-〉 휴지나 다름없는 ; (Kata Dasar = cantum : 포함하다 ; 내포되다) ; Contoh : Anda melanggar peraturan, hal tu sudah tercantum di undang-undang. 당신은 법에 의해 씌여진 규칙을 어겼다.

㉮ Deskripsi pekerjaan = 직업 설명.

㉮ Menandatangani = 〈me-i〉서명하다 ; (Kata Dasar = tanda tangan : 서명, 자기의 이름을 써넣음).

㉮ Tersinggung = 〈ter-〉-은 / 는 모욕하고 있습니다 ; (Kata Dasar = singgung : 서로 접촉하다 ; 맞닿다) ; Contoh : Maaf, tapi saya tersinggung. Harga itu terlalu rendah buat saya. 미안하지만 불쾌하군요. 이 가격은 저에게 너무 낮습니다.

* Aneh = 이상한 ; 기이한.

* Sopan = 공손한 ; 예의바른.

* Profesi = 직업 분야, 전문 분야.

* Tergolong = ⟨ter-⟩포함하다 ; - 하는 것은 있다 ; (Kata Dasar = golong : 그룹으로 나누다 ; 분류하다).

* Tepat = 정확하다 ; 바르고 확실하다.

1. Bagaimanakah biasanya jam kerja di Indonesia?
2. Apakah semua orang Indonesia biasanya libur hari Sabtu & Minggu? Jelaskan jawaban anda!
3. Bisakah kita meminta tolong rekan kerja kita untuk melakukan sesuatu pekerjaan yang bukan tercantum di deskripsi pekerjaannya? Jelaskan jawaban anda!
4. Bisakah kita menanyakan gaji kepada orang Indonesia? Jelaskan jawaban anda!
5. Apa yang akan terjadi jika kita memaksakan sistem kerja suatu negara kepada negara lain? Apakah akan berhasil? Bagaimana kira-kira tanggapan para pekerja jika mereka harus mematuhi peraturan kerja negara atau bangsa lain? Jelaskan jawaban anda!

◎● Kosakata

1. Jam kerja = 업무시간
2. Jam masuk kerja = 출근 시간
3. Jam pulang kerja = 퇴근 시간
4. Waktu istirahat = 휴식 시간
5. Waktu makan siang = 점심 시간
6. Lembur = 잔업 ; 정해진 노동 시간이 끝난 뒤에 하는 노동
7. Gaji = 봉급 ; 어떤 직장에서 계속적으로 일하는 사람이 그 일의 대가로 정기적으로 받는 일정한 보수.
8. Cuti = 공식적인 휴가를 떠나다
9. Pelecehan seksual di tempat kerja = 직장 내의 성희롱
10. Rapat = 회의 ; 어떤 사항을 여럿이 모여 의견을 교환하여 의논하는 기관

◉ Percakapan(1)

Pak Ku　： Pak Dedi, bisa beri saya informasi tentang etik kerja di Indonesia?

Pak Dedi ： Oh Pak Ku. Jam kerja di Indonesia biasanya dari jam 8 pagi sampai jam 4 sore, tapi ada juga yang mulai dari jam 9 pagi sampai jam 5 sore. Kalau instansi pemerintahan biasanya dari jam 7 pagi sampai jam 3 atau jam 4 sore.

Tergantung kebijaksanaan perusahaannya dan tempat kerjanya Pak Ku.

Tapi biasanya ada uang lembur jika melebihi jam kerja.

Pak Ku　： Begitu ya.

Pak Dedi ： Betul. Contohnya bagi saya waktu luang untuk diri sendiri dan keluarga juga penting. Semua itu harus seimbang.

구　　씨 : 데디 씨, 인도네시아에서의 근무 에티켓에 대해서 내게 정보를 줄 수 있어요?

데디 씨 : 오, 구 씨. 인도네시아에서의 근무는 일반적으로 아침 8시에 시작해서 오후 4시까지에요. 하지만 아침 9시부터 시작해서 오후 5시까지 일하는 경우도 있어요. 정부기관의 경우에는, 아침 7시에 시작해서 오후 3시 혹은 4시까지에요. 구 씨 근무장소와 회사정책에 따라 달라져요. 그러나 대개 근무시작을 초과할 경우 잔업수당이 있어요.

구　　씨 : 그렇군요.

데디 씨 : 맞아요. 내 경우에는 나 자신을 위한 시간과 가족을 위한 시간 또한 중요해요. 그 모든 것이 반드시 균형을 이루어야 해요.

◉•Percakapan(2)

Pak Ku : Jangan salah paham Olia. Saya menghargai usaha kerasmu.
Saya memberitahukan ini untuk kebaikanmu. Untuk menjadi orang yang lebih baik lagi.

Olia : Maaf Pak Ku. Saya juga tidak bermaksud begitu.
Maaf apabila saya kurang ajar, tetapi keputusan saya untuk berhenti bukan karena.
Bapak atau perusahaan ini. Ada sesuatu yang harus saya selesaikan di rumah.

Pak Ku : Oh masalah pribadi dengan keluarga.

Olia : Betul Pak. Banyak tuntutan dari sana sini dan banyak pihak yang tidak puas.
Karena itu saya pikir saya lebih baik berhenti untuk menenangkan pikiran dahulu.

Pak Ku : Begini Olia., anda pekerja yang baik dan saya butuh anda. Kalau anda bersedia,
Anda bisa bekerja disini hanya 5 jam sehari.

Olia : Masa boleh begitu Pak Ku (terkejut)

Pak Ku : Boleh, saya kan bosnya. Saya tidak mau anda tertekan dan terlebih lagi saya tidak mau orang pintar seperti kamu diambil perusahaan lain. (Hahaha...)
Besok beristirahatlah dan besok lusa mulai bekerja selama 5 jam sehari ya.

Olia : Terimakasih banyak Pak Ku. Terimakasih mau mengerti keadaan saya.
Meskipun hanya 5 jam saya akan bekerja seperti 8 atau 9 jam.

Pak Ku : Saya juga berterimakasih.

구 선생님 : 올리아, 잘못 이해하지 말아요. 나는 당신의 성실한 노력을 높이 평가하고 있
어요. 나는 이것을 당신의 개선을 위해 말해주는 거에요. 당신이 더욱 좋은 사
람이 되도록 말하는 거에요.

올 리 아 : 죄송합니다, 구 선생님. 저도 그렇게 의도하지는 않습니다. 제가 만약 예의없
었다면 죄송합니다. 하지만 제가 일을 그만두겠다는 저의 결정은, 선생님 혹은
이 회사 때문이 아닙니다. 제가 집에서 끝내야 할 것이 있기 때문이에요.

구 선생님 : 아, 가족 개인 문제군요.

올 리 아 : 맞습니다 선생님. 많은 문제들이 여기 저기서 발생하고, 많은 측이 만족하지를
못해요. 이러한 이유로 전 생각을 먼저 정리하기 위해서 일을 그만두는 것이
좋겠다고 생각한 거에요.

구 선생님 : 이렇게 해요 올리아, 당신은 좋은 직원이고, 나는 당신이 필요해요. 만일 당신
이 가능하다면, 당신은 하루에 5시간만 여기에서 일할 수 있어요.

올 리 아 : 그렇게 할 수 있어요 구 선생님(놀람)?

구 선생님 : 가능해요. 제가 상사잖아요. 저는 당신이 부담을 갖고, 다른 회사가 당신과 같
이 유능한 사람을 데려가는 것을 원하지 않아요(하하하). 내일은 쉬고 내일 모
레부터는 하루에 5시간만 근무하도록 해요.

올 리 아 : 정말 감사합니다 구 선생님. 제 상황을 이해하려고 노력해 주셔서 감사드려요.
비록 제가 5시간만 일하지만, 8시간 혹은 9시간처럼 일하는 것처럼 일하도록
할게요.

구 선생님 : 제가 감사하죠.

◉• Kosakata Percakapan(1)

1. Etik Kerja 직업 윤리 ; 직업의식
2. Instansi 하위 부처에 해당하는 일반 정부 기관 ; 재판의 단계 ; 대리점
3. Kebijaksanaan 정책, 방침 ; 방책 ; 현명함 ; 지혜(로움)
4. Uang lembur 초과 근무 수당 ; 시간외근무수당
5. Melebihi 초과하다 ; 보태다 ; 첨가하다
6. Waktu luang 여가시간 ; 자유시간
7. Seimbang 균형 (상태) ; (몸의) 균형 ; 잔고, 잔액

◉• Kosakata Percakapan(2)

1. Salah paham 오해 ; 잘못 이해하다
2. Menghargai (가치 있게) 생각하다 / 여기다 ; 고마워하다 ; 환영하다
3. Usaha keras 수고 ; 수고를 요하는 것 ; 노력 ; 공 ; 노력, 시도, 애씀
4. Memberitahukan 발표하다, 알리다 ; ~을 알리다 ; 공고하다 ; 보내다
5. Kebaikan 친절, 다정함 ; 친절 ; 호의
6. Bermaksud 의도를 갖다 ; 하는 것을 목표로 하다
7. Kurang ajar 아무런 …도 없다 ; 무례하다 ; 건방지다 ; 무례하다 ; 교양 없다

Rumah Sakit

Berbagi Cerita

1. Apakah anda sering sakit? Jika anda sakit biasanya apa yang anda lakukan?
2. Apakah anda pernah dirawat di rumah sakit?

13

Bacaan

Rumah Sakit- PUSKESMAS

Semua serba putih dan berbau obat, banyak dokter dan perawat berseliweran. Di manakah ini? Ya, di rumah sakit. Kita semua pasti pernah sakit dan pasti tidak enak rasanya. Badan lemah dan tidak bisa apa-apa. Di beberapa rumah sakit ada berbagai macam klinik yang melayani orang-orang sakit berdasarkan jenis penyakitnya. Klinik gigi, klinik THT, klinik bersalin dan lain-lain.

Biaya berobat tentunya bisa membebani kita, tetapi untunglah di Indonesia menerapkan sistem PUSKESMAS. Puskesmas adalah singkatan dari Pusat Kesehatan Masyarakat yang tujuannya melayani kesehatan masyarakat terutama bagi yang kurang mampu dengan harga miring. Program pokok puskesmas antara lain adalah mempromosikan kesehatan, mencegah penyakit menular, melayani pengobatan dan kesehatan ibu & anak, meningkatkan gizi, dan kesehatan lingkungan. Puskesmas-puskesmas ini biasanya tersebar di seluruh daerah perumahan.

Sepengetahuan saya orang Indonesia jika sakit tidak langsung pergi ke klinik atau rumah sakit maupun PUSKESMAS. Mereka biasanya menunggu satu sampai dua hari sambil minum obat dan beristirahat. Jika anda hanya membutuhkan obat, anda bisa pergi ke apotik. Selain minum obat dan beristirahat, minum minuman hangat bisa membantu proses penyembuhan.

인도네시아 병원 국민건강센터

모든 것이 흰 색이고 약냄새가 나며, 의사와 간호사들이 많이 돌아다닙니다. 이곳은 어디일까요? 네, 병원입니다. 분명 우리는 모두 아파본 적이 있고, 몸 상태가 좋지 않았을 것입니다. 몸이 무기력하고 아무것도 할 수 없습니다. 일부 병원에서는 환자들을 병의 종류에 따라 치료하는 여러가지 종류의 클리닉을 가지고 있습니다. 치과, 이비인후과, 산부인과 등입니다.

치료비는 우리에게 당연히 부담스러울 수 있습니다. 하지만, 다행스럽게도 인도네시아에는 Puskesmas시스템을 적용하고 있습니다. Puskesmas는 국민건강센터(Pusat Kesehatan Masyarakat)의 줄임말이고, 국민의 건강, 특히 돈이 없는 사람들에게 저렴한 가격으로 서비스합니다. Puskesmas의 주요 프로그램은 건강을 홍보하고 전염병을 예방하고, 치료를 해주며 모자건강, 영양을 높여주고 환경보건에 관한 서비스를 합니다. Puskesmas는 모든 거주지역에 널리 퍼져있습니다.

저의 경험으로 비추어 보았을 때, 인도네시아 사람들은 아플 때 바로 클리닉, 병원, 혹은 Puskesmas에 가지 않습니다. 그들은 보통 약을 먹고 휴식을 취하면서 하루에서 이틀을 기다립니다. 약을 먹고 휴식을 취하는 것 이외에, 따뜻한 음료수를 마시면 회복과정에 도움이 될 수 있습니다.

◉∙Kosakata Bacaan

🀄 Berseliweran = 〈ber-an〉어슬렁어슬렁 걸어 다니다 ; 이리저리 걷다 ; (Kata Dasar = seliwer : 복잡).

🀄 Klinik = 건강 치료 혹은 약 처방이 가능한 진료소.

🀄 Jenis = 종류 ; 부류.

🀄 THT = 이비인후과.

🀄 Klinik bersalin = 산부인과.

🀄 Berobat = 〈ber-〉약을 복용하다 ; (Kata Dasar = obat : 약).

🀄 Untunglah = 다행이다.

🀄 Singkatan = 〈-an〉축약어 ; (Kata Dasar = singkat : 간단하다 ; 간결하다).

🀄 Kurang mampu = 돈이 없는 사람

🀄 Harga miring = 값이 싸다.

🀄 Mempromosikan = 〈me-kan〉: (상품 등) 소개하다 ; (Kata Dasar = promosi : (상품 등) 소개).

🀄 Mencegah = 〈me-〉방지하다 ; 어떤 일이나 현상이 일어나지 못하게 막다 ; (Kata Dasar = cegah : 방지하다 ; 예방하다).

🀄 Penyakit menular = 전염병.

🀄 Pengobatan = 〈pe-an〉약물치료 ; 투약 ; (Kata Dasar = obat : 약).

🀄 Meningkatkan = 〈me-kan〉(급, 수준을) 높이다 ; (Kata Dasar = tingkat : 국면 ; 단계).

🀄 Gizi = 영양분.

🀄 Lingkungan = (주변의) 환경.

- Tersebar = 〈ter-〉 뿌려지다 ; 배포되다 ; (Kata Dasar = sebar : 여기저기 펴져 있다).

- Sepengetahuan = 〈se-〉 아는체 아니면 척하다 ; (Kata Dasar = pengetahuan : 지식 ; 알고 있는 내용이나 사물).

- Apotik = 약국 ; 약방.

- Hangat = 따뜻하다.

- Penyembuhan = 〈pe-an〉 회복 ; (Kata Dasar = sembuh : 회복되다 ; 병이 낫다).

◉• Pertanyaan-pertanyaan mengenai bacaan

1. Apakah di rumah sakit Indonesia terdapat klinik?

2. Bagaimanakah suasana rumah sakit pada umumnya?

3. Apa itu PUSKESMAS dan dimanakah lokasinya?

4. Apa saja program pokok PUSKESMAS?

5. Menurut sepengetahuan penulis, apa yang biasa dilakukan orang Indonesia jika sakit?

◉• Kosakata Rumah Sakit

1. Ruang Tunggu 대기실, 대합실	16. Dokter penyakit kelamin 성병 의사
2. Resep 약 처방 ; 약 처방전	17. Unit Gawat Darurat (병원) 응급실
3. Kasir (은행, 상점, 호텔 등의) 출납원	18. Infus 혈관을 통한 약물 주입
4. Racik 혼합하다	19. Suntik 주사하다 ; 주사를 놓았다
5. Obat 약	20. Periksa (건강) 검진하다
6. Sirup 물약 ; 시럽	21. Bius 마취약
7. Pil 환약	22. Cek Darah 혈액검사
8. Kapsul 캡슐	23. Ambil darah 혈액샘플을 채취하다
9. Tablet 알약	24. Rutin 일상의 관정 / 일의
10. 3x sehari 하루에 3 번씩	25. Cuci darah (특히 신장병 환자의) 투석
11. Dokter THT 이비인후과 의사	26. Penyakit ginjal 신장병
12. Dokter anak 소아과 의사	27. Darah rendah / tinggi 저혈압 / 고혈압
13. Dokter kandungan 산부인과 의사	28. Kencing manis / diabetes 당뇨
14. Dokter kulit 피부과 전문의사	29. Salep 연고
15. Dokter mata 안과 의사	30. Larangan 금지령

Pak Park	: Mau daftar untuk bagian THT?
Resepsionis	: Bagian THT ya Pak? Ada KTP?
Pak Park	: Ini.
Resepsionis	: Ini kartu nomernya Pak. Bagian THT ada di sebelah kiri, Pak.
	(Di ruang tunggu THT).
Dokter	: Silahkan masuk. Yang mana yang sakit Pak?
Pak Park	: Tenggorokan saya.
Dokter	: Coba buka mulutnya Pak. Waahhh···tenggorokan anda bengkak Pak. Anda sering makan makanan berminyak ya Pak?
Pak Park	: Iya, akhir-akhir ini saya banyak kumpul-kumpul dan makan bersama rekan bisnis. Tuntutan kerja.
Dokter	: Iya saya tahu. Memang kode etik kerja Korea keras sekali, banyak tuntutannya. Tapi coba dalam seminggu ini jangan banyak lembur ataupun begadang dan minum-minum Pak Park. Ini resepnya Pak, anda bisa ambil obatnya di farmasi rumah sakit ini.
Pak Park	: Terimakasih dokter.

박   씨 : THT부분 접수하고 싶어요.

접수처 직원 : 이비인후과 부분요? 주민등록증 있으신가요?

박   씨 : 여기요.

접수처 직원 : 이거 번호표입니다. THT부분은 왼편에 있습니다. (THT대기실에서)

의   사 : 들어오세요. 어디가 편찮으세요?

박   씨 : 목이 아파요.

의   사 : 입을 한 번 벌려 보세요. 와, 목이 부었네요. 당신은 자주 기름진 음식을 드
시죠?

박   씨 : 네, 요즘 제가 모임이 많고. 사업관계자들과의 식사가 많았어요. 일 때문이
죠.

의   사 : 네 알아요. 한국 근무 에티켓 스타일이 매우 강하죠. 요구도 많고요. 하지만
이번주에는 많이 잔업하지 말고, 술도 마시지 마세요 박 씨. 여기 처방전이
에요. 이 병원 약국에서 약을 받아가실 수 있어요.

박   씨 : 감사합니다, 의사 선생님.

Pak Park   : Apa benar ini temapt tunggu dokter gigi?

Orang Asing : Ya benar. Anda sudah ambil kartu nomer?

Pak Park   : Ya sudah. Saya nomer 5. Sekarang yang masuk nomer berapa ya, Bukan?

Orang Asing : Nomer 2

Pak Park   : Oh untung tidak terlalu lama.

Anda nomer berapa Pak?

Orang Asing : Saya nomer 4 sebelum anda. Anda orang Indonesia?

(Bertanya kebingungan)

Pak Park   : Bukan, Pak. Saya orang Korea.

Orang Asing : Waahhh tapi bahasa Indonesianya jago benar dan logat anda...

(Terkagum-kagum)

Dan bagaimana anda bisa kenal Dokter Inge?

Pak Park   : Dia kan terkenal ya , Pak. Dia ada di situs orang Korea.

(Panggilan untuk no. 4)

Orang Asing : Oh..itu nomer saya. Saya masuk dulu ya Pak.

Pak Park   : Silahkan...

박　씨 : 여기가 치과 진료 기다리는 곳 맞아요?

외국인 : 네 맞아요. 번호표 받으셨나요?

박　씨 : 네 받았어요. 저는 5번이에요. 지금 들어간 번호는 몇 번이에요?

외국인 : 2번이에요.

박　씨 : 오, 다행히 그다지 오래 남지는 않았네요. 당신은 몇 번이에요?

외국인 : 저는 당신 전인 4번이에요. 당신 인도네시아 사람인가요?

　　　　(헷갈려하며 질문함).

박　씨 : 아니에요. 전 한국 사람이에요.

외국인 : 와, 그런데 인도네시아어 정말 잘하시네요, 당신 억양도 그래요.

　　　　(놀람).

　　　　그러면 어떻게 의사 선생님을 아실 수 있으세요?

박　씨 : 그는 유명하잖아요. 그는 한국인 웹사이트에 있어요.

　　　　(4번이 불림).

외국인 : 오, 저거 제 번호에요. 저 먼저 들어 갈께요.

박　씨 : 네, 들어가세요.

Dokter Gigi ： Tolong buka mulutnya Pak.

Pak Park ： Ya, dokter.

Dokter Gigi ： Ini sakit?

Pak Park ： Tidak.

Dokter Gigi ： Ini?

Pak Park ： Oh ya dokter disitu···aduuhh.

Dokter Gigi ： Ini tambalannya sudah lama Pak Park jadi mesti diganti yang baru. Terus yang ini juga sakit kan?

Pak Park ： Iya ya.

Dokter Gigi ： Yang ini harus di cabut. Saya foto X-ray dulu ya. Silahkan kumur.

Pak Park ： Terimakasih dokter.

치과 의사 : 입을 한 번 벌려보세요.

박　　씨 : 네 선생님.

치과 의사 : 여기 아픈가요?

박　　씨 : 아니요.

치과 의사 : 여기는요?

박　　씨 : 네, 선생님, 거기요. 아이고.

치과 의사 : 이거 때운게 이미 오래됐어요, 박 씨. 그래서 새 거로 바꿔줘야 해요. 그리고 이것도 아프지 않나요?

박　　씨 : 네 네.

치과 의사 : 이것을 빼야 돼요···. 먼저 엑스레이를 받고 여기서 구강 세척하세요.

박　　씨 : 감사합니다 의사 선생님.

◉•Kosakata Percakapan(1)

1. Berminyak 〈ber-〉기름기가 함유된 ; 기름기가 덮인 ; 기름을 포함하다 ; 기름이 있다
2. Akhir-akhir 요즘
3. Rekan 동료 ; 직장동료
4. Tuntutan kerja (어렵거나 힘이 드는) 일, 요구(되는 일들) ; 수요 ; 요구 시 작업
5. Lembur 야근 ; 잔업 ; 정해진 노동 시간이 끝난 뒤에 하는 노동
6. Begadang 〈be-〉밤새우다 ; 밤을 꼬박 새우다
7. Minum-minum 술 (한 잔) ; 술을 마시다

◉•Kosakata Percakapan(2)

1. Jago 아주 잘하다 ; 전문가 ; 숙련되다 ; 능숙하다
2. Logat 악센트 ; 강세 ; 강음 ; 양음 ; 억양 ; 말투 ; 어조
3. Situs 웹사이트 ; 유적지 ; (컴퓨터의) 사이트

◉•Kosakata Percakapan(3)

1. Tambalan 〈-an〉패치 ; 붙인 조각 ; 붙인 것
2. Cabut 뽑다 ; 빼다
3. Kumur 구강 세정제 ; 입가심을 하다 ; 가글하다 ; 입을 가시다

Berbagi Cerita

1. Masih ingatkah anda masa-masa sekolah anda? (TK, SD, SMP, SMA, Universitas)
2. Apa yang anda pelajari sewaktu sekolah?
3. Mata pelajaran apa yang paling anda sukai?

14

◉• Bacaan

SEKOLAH DI INDONESIA

Masa pendidikan di Indonesia itu dimulai dari SD (6 tahun), SMP (3 tahun), SMA (3 tahun). Sebelum SD, para orang tua biasanya memasukkan anaknya ke Taman Kanak-Kanak yang dikenal dengan nama TK, dan sebelum TK adalah playground. Tetapi, pendidikan ini tidak diharuskan, biasanya para orang tua yang sibuk memasukkan anak-anaknya ke playground sementara mereka harus bekerja ataupun dikarenakan ambisi orangtua agar anak-anak mereka mendapat cukup ilmu dan keahlian.

Di Indonesia ada 2 jenis sekolah, yaitu sekolah umum dan sekolah swasta. Sekolah umum biasanya biaya pendidikannya jauh lebih murah daripada sekolah swasta. Di Indonesia banyak sekolah yang namanya berdasarkan agama, jenis kelamin dan nama daerah, misalnya Sekolah Islam Negri, Sekolah Katolik, Sekolah Putri Bogor, dan lain-lain. Ini berarti bahwa sekolah-sekolah tersebut mayoritas muridnya mempunyai jenis kelamin tersebut, mempunyai kepercayaan atau beragama tersebut, dan tempat tinggalnya berada di sekitar lingkungan sekolah.

Banyak juga sekolah-sekolah internasional di Indonesia, hal ini bisa disebabkan karena banyaknya permintaan dari kalangan atas masyarakat Indonesia dan banyaknya pendatang dari luar negri. Biaya pendidiakn sekolah-sekolah internasional ini sangatlah tinggi karena sistem dan fasilitasnya sangat internasional. Biaya pendidikan taman kanak-kanak bisa mencapai sekitar 6,100-11,200$ per tahun dan biaya SD sekitar 8,950-13,400 $ per semester.

Jadi apakah kalau pendidikan kita tinggi, kita pasti sukses? Jika kita bersekolah di sekolah internasional, pastikah hidup kita tidak ada hambatan? Tentu saja tidak, semua itu tergantung seberapa besar perjuangan kita dalam berkarya, mungkin juga koneksi, dan keberuntungan. Mungkin berusaha, berperilaku baik, beramal, dan berdoa merupakan faktor-faktor paling penting untuk mencapai kesuksesan dan kebahagiaan. SEMANGAT!

인도네시아에 있는 학교

인도네시아의 교육과정은 초등학교(6년)에서 시작하여, 중학교(3년), 고등학교(3년)으로 구성된다. 초등학교 이전에, 부모들은 대개 떼까(TK)라고 불리는 유치원(Taman kanak-kanak)으로 아이들을 입학시키며, 유치원 이전은 플레이그라운드가 있다. 그러나 이 교육은 필수교육과정은 아니며, 일반적으로 일로 인하여 바쁜 부모들 혹은 그들의 아이들이나 학문과 지식을 더 많이 획득하는데 욕심을 가진 부모들이 아이들을 플레이 그라운드에 입학시킨다.

인도네시아에는 두 종류의 학교가 있는데, 즉 일반학교(공립학교)와 사립학교이다. 일반학교는 대개 사립학교에 비하여 교육비용이 매우 저렴하다. 인도네시아에는 종교, 성별 그리고 지역명에 기초한 이름을 가진 학교들이 많이 있으며, 예를 들면 국립이슬람학교, 천주교학교, 보고르 여자학교 그리고 기타 등등이 있다. 이는 이러한 학교들은 학생 대부분이 언급된 성별, 종교를 가지고 있거나, 거주지역이 학교환경 근처에 있음을 의미한다.

인도네시아에는 국제학교 또한 많은데, 이는 인도네시아 상위계층의 요구와 외국인 수가 많기 때문이다. 이러한 국제학교들의 교육비용은 상당히 비싸며, 시스템과 설비가 매우 국제적이기 때문이다. 유치원 교육의 비용은 연간 약 6,100~11,200달러에 달하며, 초등학교 비용은 학기당 약 8,950-13,400달러에 달한다.

그렇다면 우리의 교육정도가 높다면, 우리는 반드시 성공하게 되는 것인가? 우리가 국제학교를 다닌다면, 우리의 삶에는 방해/장애가 없을 것인가? 당연히 그렇지 않다. 그 모든 것은 일하는 것에 있어서 우리의 경쟁에 따라, 그리고 혹은 운, 관계에 따라 달라질 것이다. 열심히 노력하고, 바르고 선하게 행동하며, 기도하는 것이 성공과 행복을 성취하는데 가장 큰 요소들이다. 화이팅!

◉• Kosakata Bacaan

ⓚ Masa = 기간.

ⓚ Memasukkan = 〈me-an〉 −을 집어넣다 ; 등록하다 ; 전달하다 ; (Kata dasar = masuk : 들어가다) ; Contoh : Karena capai mengurus anaknya yang kecanduan narkoba, ibu Nini memasukkan anaknya ke panti rehabilitasi. 그녀는 그녀가 돌보던 그녀의 아들이 계속 마약에 중독되었기 때문에, 마침내 리니씨는 그녀의 아들을 마약 재활치료 센터에 입원시켰다.

ⓚ Ambisi = 야망.

ⓚ Ilmu = 과학 ; 학문 ; 지식.

ⓚ Keahlian = 〈ke-an〉 전문성 ; 숙련성 ; (Kata Dasar = ahli : 전문가 ; 숙련가) Contoh : Keahliannya adalah memasak. 그녀는 요리에 재능이 있다.

ⓚ Berdasarkan = 〈ber-an〉 −을 바탕 / 근거를 두다 ; −를 토대로 하다 ; 원천으로 하다. (Kata Dasar = dasar : 배경 ; 요지) ; Contoh : Berdasarkan informasi dan bukti-bukti yang telah dikumpulkan, ditangkaplah penjahat itu. 수집된 증거와 정보들에 기초하여 범인을 체포하였다.

ⓚ Dan lain-lain = 등등.

ⓚ Mayoritas = 대부분 ; 대다수 ; 다수파.

ⓚ Kepercayaan = 〈ke-an〉 믿음 ; 신뢰 ; 확신 ; (Kata Dasar = percaya : 믿다 ; 확신하다) ; Contoh : Jangan meremehkan simbol itu. Simbol itu sudah menjadi kepercayaan warga setempat ini. 그 상징은 지역 주민들에게 사상이 되었다.

ⓚ Lingkungan = 환경.

ⓚ Permintaan = 〈per-an〉 부탁 ; 요구 ; 요청 ; (Kata Dasar = minta : 요청하다 ; 부탁하다).

ⓚ Kalangan atas = 원 ; 테두리 ; 집단.

ⓚ Sistem = 시스템 ; 체계.

🇫 Fasilitas = 설비.

🇫 Semester = 학기.

🇫 Hambatan = 〈-an〉 방해 ; 억제 ; 더딤 ; (Kata Dasar = hambat : 지연시키다 ; 방해하다) ; Contoh : Meskipun ia buta, hal itu tidak menjadikan hambatan bagi dirinya untuk sukses. 그가 맹인임에도 불구하고, 그가 성공하는 하는 데에 아무런 문제가 되지 않았다.

🇫 Perjuangan = 〈per-an〉 투쟁 ; 항쟁 ; (Kata Dasar = juang : 투쟁하다) ; Contoh : Hidupnya penuh perjuangan. 그의 인생은 희생이 전부였다.

🇫 Berkarya = 〈ber-〉 정규직을 갖다 ; 창작하다 ; (Kata Dasar = karya : 일 ; 작업 ; 성과) ; Contoh : Hasil karyanya sudah terkenal sampai ke luar negri. 그의 작업(일?)은 해외에까지 유명해졌다.

🇫 Koneksi = 연결 ; 인과적 ; 연결 관계 ; 연락.

🇫 Keberuntungan = 〈ke-an〉 길운 ; 행운 ; (Kata Dasar = beruntung : 이익을 내다 ; 운이 좋은 ; 성공을 하다) ; Contoh : Keberuntungan itu biasanya datang disaat kita memerlukannya. 보통, 행운은 우리가 필요할 때 찾아온다.

🇫 Berperilaku = 〈ber-〉 행실하다 ; 행동하다 ; (Kata Dasar = perilaku : 행동) ; Contoh : Penjahat itu perilakunya buruh karena sewaktu kecil ia selalu disakiti oleh orangtuanya. 그 범죄자는 나쁜 태도를 지니고 있었는데, 왜냐하면 그가 어렸을 때, 그는 항상 부모님에게 학대를 당했었기 때문이다.

🇫 Beramal = 〈ber-〉 선행을 하다 ; 자선 ; 보시 ; 기부 ; (Kata Dasar = amal : 행의 ; 실행 ; 자선 ; 보시) ; Contoh : Meskipun tidak kaya, ia selalu beramal. 그가 부자가 아님에도 불구하고, 그는 나누고 남을 도와주는 것을 좋아했다.

🇫 Berdoa = 〈ber-〉 기도하다 ; 빌다 ; (Kata Dasar = doa : 기도) ; Contoh : Dia selalu berdoa setiap hari. 그녀는 매일 기도한다.

🇫 Faktor = 인자.

◉● Pertanyaan-pertanyaan mengenai bacaan

1. Bagaimana sistem pendidikan di Indonesia? Dan berapa lamanya?

2. Coba sebutkan 2 macam pendidikan sebelum SD?

3. Ada berapa tipe sekolah di Indonesia?

4. Bagaimanakah biaya pendidikan sekolah internasional di Indonesia?.

5. Apa jaminan atau kunci untuk menjadi orang yang sukses?

◉● Kosakota

1. Sekolah 학교
2. Kantin 학교의 매점
3. Ruang kelas 교실
4. Ruang Seni 예술을 배우고 사용되는 방
5. Ruang musik 악기를 배우고 사용되는 방
6. Wali Kelas 담임교사
7. Rapotan 학교에 성적표를 받다
8. Rapot 성적표
9. IPA 자연과학
10. IPS 기술과학
11. Bahasa 언어
12. Matematika 수학
13. Universitas 대학교
14. Taman Kanak-kanan (TK) 유치원
15. Sekolah Dasar (SD) 초등학교
16. Sekolah Menengah Pertama (SMP) 중학교
17. Sekolah Menengah Atas (SMA) 고등학교
18. Semester 학기
19. Juara 최고 우등생
20. Beasiswa 장학금

Ibu Dewi : Ibu Lee, anak-anak kita si Lia dan si Myoung Sun satu kelas ya.

Ibu Lee : Oh ya di kelas 3A, bukan?
Ibu wali kelasnya siapa ya? Ibu Dewi, tahu?

Ibu Dewi : Iya tapi wali kelasnya bukan perempuan Ibu Lee. Wali kelasya laki-laki, namanya. Bapak Budi.

Ibu Lee : Oooh...

Ibu Dewi : Kenapa Ibu Lee? Ada masalah?

Ibu Lee : Tidak. Hanya anak-anak saya tidak pernah dipegang oleh wali kelas laki-laki.

Ibu Dewi : Ooohh jangan kuatir. Si Lia tahun lalu juga dipegang oleh Bapak Budi.
Dia pintar dibidang olah raga dan IPA. Dia juga lucu dan juga mempunyai tanggung jawab yang tinggi.

데위 씨 : 이 씨, 우리 애들인 리아와 명선이 같은 반이래요.

이　　씨 : 3A 반 맞죠? 담임선생님이 누구에요? 데위 씨 알아요?

데위 씨 : 네, 그런데 담임선생님은 여자가 아니에요. 담임선생님이 남자인데 성함은 부디 씨에요.

이　　시 : 오….

데위 씨 : 왜요 이 씨? 문제 있어요?

이　　씨 : 아니에요. 제 아이들만 남자 담임선생님한테 지도받은 적이 없어서요.

데위 씨 : 오, 걱정하지 마세요. 리아도 작년에 부디씨한테 지도된 적 있잖아요. 리아는 운동분야하고 과학 잘하잖아요. 리아는 또 귀엽고 책임감도 강해요.

◉• Percakapan(2)

Song Ja : Sinta, kamu sudah memutuskan akan memilih universitas mana dan jurusan apa?

Sinta   : Iya. Sekarang sedang mengurus dokumen-dokumen yang diperlukan.
Bagaimana dengan kamu?

Song Ja : Hmm. Tapi saya masih bingung ada dua jurusan yang ingin aku ambil.

Sinta   : Hmm... jurusan apa?

Song Ja : Jurusan pariwisata dan bahasa Indonesia.

Sinta   : Kenapa tidak dua-duanya? Ambil saja semua?

Song Ja : Sinta, saya bukan jenius.

Sinta   : Tapi semua jurusan yang kamu ingin daftar ada di universitas yang juga kamu ingin-kan. Coba daftar dulu semua, nanti dilihat kamu diterima yang mana, baru kamu bayar uang sekolahnya. Beres kan? ^^

Song Ja : Kamu juga kalau diterima dua-duanya bagaimana?

Sinta   : Aku akan pilih satu yang bisa memberikanku beasiswa.

Song Ja : Sukses ya Sinta.

Sinta   : Kamu juga Song Ja.

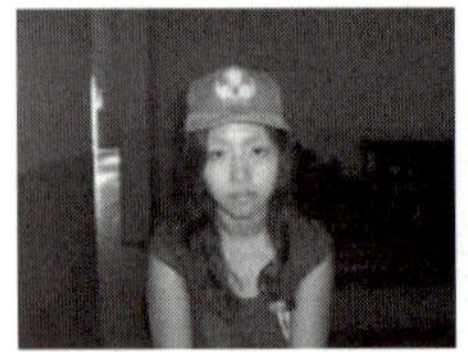

송자 : 신따, 너 어느 대학교를 갈지 그리고 무슨 전공을 선택할 지 결정했니?

신따 : 응. 지금 필요한 서류들을 정리하고 있어. 너는 어때?

송자 : 응. 그런데 나는 내가 하고 싶은 전공이 두 개라서 아직 고민중이야.

신따 : 응…. 무슨 전공인데?

송자 : 관광학과랑 인도네시아어과야.

신따 : 왜 두 개 다 하지 않아? 다 해.

송자 : 신따, 난 천재가 아니야.

신따 : 그런데 너가 등록하길 원하는 모든 전공이 너가 원하는 대학교에 있어야 할 거 아
니야. 먼저 모두 지원해봐. 그리고 나중에 너가 어디에 합격되었는지를 보고, 학비
를 내면 되잖아. 해결되지 않았어?^^

송자 : 만약 너도 둘 다 합격되면 어떻게 할꺼야?

신따 : 나는 나에게 장학금을 줄 수 있는 곳을 선택할거야.

송자 : 잘 되길 바래 신따.

신따 : 너도 송자.

◉• Kosakata Percakapan(1)

1. Wali kelas 담임선생님 ; 담임교사
2. Dipegang …을 맡은 ; 담당인 ; 체포되어, 구류되어 ; 손으로 잡히다, 장악되다 ; 운영되다, 지도되다
3. Olah raga 체육 ; 스포츠 ; 신체운동
4. IPA 과학 ; 자연과학
5. Tanggung jawab 책임 ; 맡아서 해야 할 임무나 의무

◉• Kosakata Percakapan(2)

1. jurusan ~을 전공하다 ; 맡아서 해야 할 임무나 의무
2. Mengurus 〈me-〉 ~에 대한 책임이 있다 ; ~을 처리하다 ; (업무, 일 등을) 다루다 ; 조치를 취하다
3. Dokumen 서류 ; 약정서 등의 문서
4. Pariwisata 휴양지, 리조트 ; 관광 ; 나라의 성덕과 광휘를 봄
5. Jenius 천재 ; 천재의 ; 천재적인
6. Uang sekolah 학비 ; 공부하며 학문을 닦는 데에 드는 비용
7. Beres 처리했다 ; 아무 문제가 없다 ; 잘 이행되다 ; 일이 잘되다

Berbagi Cerita

15

1. Kira-kira apa artinya antar jemput?
2. Senangkah anda menjemput dan mengantar keluarga / kenalan / teman / teman kerja?

◉ Bacaan

Bisnis Antar Jemput

Antar-jemput di Indonesia ini merupakan suatu bisnis. Bisnis ini menjemput anak-anak sekolah dari TK sampai SMA dari rumah mereka ke sekolah dan mengantar mereka lagi ke rumah setelah sekolah usai. Kadang-kadang jika ada permintaan khusus, mereka juga melayani mengantar ke tempat kursus.

Bisnis ini tidak membutuhkan keahlian khusus, hanya tepat waktu, disiplin, dan cakap dalam menyetir. Mobil yang digunakan adalah van, bisa menampung 13 orang dewasa atau 18 anak kecil.. Orang tua saya bisnis ini sewaktu krisis moneter tahun 1998, karena bisnis ayah saya bangkrut. Sedih hati saya sebetulnya melihat ibu saya kepanasan menunggu di dalam mobil atau melayani anak-anak yang nakal dan tidak tepat waktu.

Bisnis ini bisa berjalan dengan baik apabila disuatu daerah perumahan terdapat banyak keluarga baru. Ini berarti banyak anak kecil. Orang tua saya baru saja berhenti bisnis ini, pada tahun 2011. Sebetulnya setelah saya dan adik saya lulus kuliah, kira-kira pada tahun 2005 orangtua saya tidak perlu melanjutkan bisnis ini, tetapi karena mereka tua dan tidak mau bermalas-malasan mereka tetap melanjutkan bisnis ini sampai tidak ada permintaan. Mereka juga berpikir bahwa anak-anak kecil ini membuat mereka tetap muda.

픽업 비즈니스

인도네시아에서 픽업은 하나의 비즈니스 형태이다. 이 비즈니스는 유치원에서부터 고등학교에 이르는 학생들을 그들의 집에서 픽업하여 학교까지 데려다 주고, 그리고 그들을 학교 수업 종료 이후 다시 집까지 데려다 주는 형태이다. 가끔 특별한 요구가 있을 경우, 그들은 또한 과외(학원)장소로 데려다 주는 서비스를 하기도 한다.

이 비즈니스는 특정한 기술을 요구하지 않으며, 단지 시간을 정확히 맞추고 훈련되어 있으며, 운전에 능숙하면 된다. 사용되는 자동차는 밴이며, 성인 13명 혹은 어린이 18명까지 탑승할 수 있다. 나의 부모님은 1998년 재정위기 당시 이 비즈니스를 하셨는데, 왜냐하면 나의 아버지 사업이 부도가 났었기 때문이었다. 나의 어머니가 차 안에서 더위에 시달려가며 기다리는 것, 혹은 버릇없는 아이들을 볼 때 그리고 시간이 정확히 맞춰지지 않는 것을 볼 때 나의 마음은 정말 아팠다.

이 비즈니스는 어떤 주택단지 지역에서 많은 신혼가정을 받을 때, 잘 진행될 수 있다. 이는 즉 어린아이들이 많음을 의미하기 때문이다. 나의 부모님은 이 비즈니스를 2011년이 되어서야 그만두셨다. 나와 나의 동생이 대학교를 졸업하고, 약 2005년쯤 나의 부모님은 더 이상 이 비즈니스를 지속할 필요성이 없어졌지만, 그들은 이미 연세가 드셨고 그리고 게으른 생활을 원치 않으셨기 때문에, 그들은 이 비즈니스를 요구가 더 이상 없을 때까지 지속하셨다. 그들은 또한 이 어린 아이들이 그들에게 계속 젊음을 가져다 준다고 생각하셨다.

◎• Kosakata Bacaan

㉠ Disiplin = 군대 등의 규율 ; 풍기.

㉠ Cakap = 솜씨 좋은 ; −할 수 있는 ; 가능한.

㉠ Menampung = ⟨me-⟩ 비 / 진액 등을 받다 ; 빗물을 받다 ; (Kata Dasar = tampung : 비) ; Contoh : Ruang rapat ini bisa menampung 15 orang.

㉠ Krisis moneter = 난국의.

㉠ Kepanasan = ⟨ke-an⟩ 열 ; 더위 ; 뜨거운 ; (Kata Dasar = panas : 더운 ; 뜨거운).

㉠ Tepat waktu = 약속 시간을 지키다.

㉠ Perumahan = ⟨pe-an⟩ 주택가 ; 주택공급 ; (Kata Dasar = rumah : 집).

㉠ Sebetulnya = ⟨se-⟩ ; (Kata Dasar = betul : 바른 ; 사실 ; 진실) ; Contoh : Sebetulnya saya tidak mau menyampaikan berita ini.

㉠ Lulus = 합격하다.

㉠ Bermalas-malasan = ⟨ber-an⟩ 그냥 앉아 있거나 졸고 있는 ; (Kata Dasar = malas : 게으른 ; 내키지 않은).

㉠ Melanjutkan = ⟨me-an⟩ 계속하다 ; 이어가다 ; (Kata Dasar = lanjut : 긴 ; 장항한).

㉠ Permintaan = ⟨per-an⟩ 부탁 ; 요구 ; 요청 ; (Kata Dasar = minta : 요청하다 ; 요구하다) ; Contoh : Karena berkurangnya permintaan, maka barang tersebut tidak diproduksi lagi.

◉ Pertanyaan-pertanyaan mengenai bacaan

1. Tolong jelaskan mengenai bisnis antar-jemput?
2. Mobil van bisa menampung berapa banyak orang dewasa? Dan berapa banyak anak kecil?
3. Mengapa orangtua si penulis memutuskan untuk memulai bisnis antar-jemput?
4. Sampai kapankah orangtua si penulis melakukan bisnis ini?
5. Apa yang membuat mereka berhenti melakukan bisnisantar-jemput ini?

◉ Kosakata

1. Menjemput 〈me-〉 ; (Kata Dasar Jemput : 마중가다, 데리러 가다)
2. Menunggu 〈me-〉 ; (Kata Dasar Tunggu : 기다리다)
3. Mengantar 〈me-〉 ; (Kata Dasar Antar : -을 데려다 주다 ; -을 보내다 / 전송하다)
4. Menanti 〈me-〉 기다리다 ; (Kata Dasar Nanti : 나중 ; 이따가)
5. Tempat parkir 주차장
6. Memarkir 〈me-〉 주차하다 ; (Kata Dasar parkir : 주차하다)
7. Karcis parkir 주차자 표
8. Tukang parkir 주차장 직원
9. Loket 매표 ; 창구
10. Denda 벌금

Hermawan : Minggu ini mau ke Taman Mini bersama-sama Ita, Suzan, Dodi dan Dedi, nggak?

Song Ja : Dari rumahku naik apa?

Hermawan : Jangan kuatir. Gua jemput deh. Rumahmu <u>kan</u> searah dengan rumahku kalau ke Taman Mini?

Song Ja : <u>Beneran</u> nih tidak apa-apa?

Hermawan : Beneran...
Santai aja. Si Suzan <u>sama</u> si Ita akan dijemput Dodi dan Dedi.

Song Ja : Ok lah kalo begitu.

Hermawan : <u>Gitu donk</u>. <u>Santailah kalo sama aku</u>, Song Ja.

헤르마완 : 이번 주에 이타, 수잔, 도디, 데디와 함께 따만미니에 가지 않을래?

송　　자 : 나의 집에서는 뭐 타고 가?

헤르마완 : 걱정하지마. 내가 데리러 갈게. 너희 집은 따만미니 갈 때 우리 집하고 같은 방향이지 않아?

송　　자 : 진짜 괜찮겠어?

헤르마완 : 진짜야. 편하게 생각해. 수잔과 이타도 도디랑 데디가 데리러 갈꺼야.

송　　자 : 그래 그럼.

헤르마완 : 그거야. 나와는 편하게 생각해 송자.

◎• Percakapan(2)

Di kampus

Tae Hoon : Kemana Vonny, Lia?

Vonny : Kayaknya sudah pulang nih.

Tae Hoon : Lho diantar siapa?

Vonny : Diantar No Rae.

Kenapa? Kok sewot begitu?

Tae Hoon : Nggak papa. Kamu pulang naik apa?

Vonny : Biasa naik bemo. Kenapa sih elo? Mukanya merah begitu?

Tae Hoon : Nggak papa. Sibuk nggak kamu Von? Lagi butuh teman bicara nih.

Vonny : Aku nggak ada kegiatan apa-apa sampai jam 7.

Ngomong donk...

캠퍼스에서

태윤 : 보니, 리아 어디가?

보니 : 집으로 돌아가는 것처럼 보이는데.

태윤 : 누가 데리러 왔어?

보니 : 노래가 데리러 왔어. 왜? 왜 그렇게 짜증내?

태윤 : 아냐 괜찮아. 넌 뭐 타고 가?

보니 : 난 보통 베모 타. 왜? 얼굴이 왜 그렇게 빨개?

태윤 : 아냐 괜찮아. 보니, 너 바빠 안 바빠? 이야기 할 친구가 필요해.

보니 : 나 7시까지 할 거 없어. 말해봐.

Bos Lee   : Pak, tolong antar Ibu Diah ke rumah ya.
              Tahu kan rumahnya?
Pak Supir : Tahu Bos. Di Tangerang itu kan?
Bos Lee   : Iya betul. Kita pernah ke sana 2 hari yang lalu. Terus kamu jemput Ibu dan antar ke pusat perbelanjaan. Sementara ibu belanja, tolong kamu jemput Jong Hyun di sekolah dan kembali ke sini.
Pak Supir : Siap bos. Anu Bos...
Bos Lee   : Kenapa?
Pak Supir : Bos, bensinnya hampir habis.
Bos Lee   : Ini cukup kan? Tolong isi penuh ya, sisanya buat kamu.
Pak Supir : Terimakasih Bos.

이 사장 : 기사, 디아 씨 집으로 픽업 좀 해줘요. 그녀의 집 알죠?

기　　사 : 압니다. 그 땅그랑이지 않아요?

이 사장 : 네 맞아요. 우리 이틀 전에 거기에 간 적 있잖아요. 그녀를 픽업해서 쇼핑센터로 데려다 줘요. 그리고 그녀가 쇼핑하는 동안에, 종현을 학교에서 픽업해서 여기로 데려다 줘요.

기　　사 : 네 사장님. 저기요 사장님.

이 사장 : 왜요?

기　　사 : 사장님, 휘발유가 거의 없어요.

이 사장 : 이거면 충분한가요? 가득 채우고, 나머지는 당신이 써요.

기　　사 : 감사합니다 사장님.

◉• Kosakata Percakapan(1)

1. Kan bukan의 약어

2. Beneran 신뢰할 수 있는 ; 믿을 수 있는
   〈비공식적인〉

3. Sama 함께 ; 더불어 (dengan)

4. Gitu donk 그렇게 해야지요 :) 〈비공식의〉

(begitu)

5. Santailah kalo sama aku (santai 한
   가로운 / 긴장이 풀린) 나랑 같이 있으면 편
   하게 해 주세요

◉• Kosakata Percakapan(2)

1. Kayaknya −처럼 (sepertinya)

16

Berbagi Cerita

1. Seberapa sering anda berbelanja? Dimana anda biasanya berbelanja?
2. Pernahkah anda berbelanja melalui internet? Biasanya barang apa saja yang anda beli lewat internet?
3. Apakah anda pintar menawar harga?
4. Biasanya anda pergi berbelanja dengan siapa
5. Pernahkah anda merasa tidak puas / puas sekali dengan suatu toko / pegawai toko? Coba ceritakan pengalaman anda?

Bacaan

Seiring bertambahnya usia saya, semakin saya sadari mengapa ibu-ibu jika berbelanja sampai berjam-jam, termasuk ibu saya. Semakin tua tentunya semakin dewasa seseorang, semakin banyak kebutuhan yang harus dipenuhi terlebih jika sudah berkeluarga. Karena itu dengan sejalannya umur semakin mengerti kita akan arti uang. Hemat pangkal kaya, ungkapan ini mempunyai arti yaitu berhati-hatilah membelanjakan uang saudara.

Terkenang saya akan masa kecil saya, duduk di kereta dorong di suatu supermarket sewaktu ibu sedang memilih-milih produk. Meskipun saya sudah berumur 30 tahunan, saya masih ingat supermarket-supermarket, toko dan pasar yang ibu saya sering kunjungi. Bangunan-bangunannya sangat kuno, ada yang masih sistem tulis tangan, dan memakai sistem tawar-menawar, tetapi saya suka. Sewaktu kecil berlari-larian di supermarket, hilang di mal, dan terkunci di toilet.

Di Indonesia sama halnya dengan di Korea, toko-toko kecil milik pribadi mulai tergeser dengan sistem toko waralaba. Toko ini serba ada dan bisa ditemui dsetiap daerah perumahan, perkantoran, dan universitas. Jam bukanya pun jauh lebih panjang daripada toko-toko kecil milik pribadi dan ada kupon yang membuat berbelanja semakin menarik. Karena persaingan ini, toko-toko kecil milik pribadi pun tidak kehilangan akal. Mereka dengan keramahannya melayani pembeli dan menyediakan berbagai barang kebutuhan dengan harga miring. Dan lagi, sekali berhasil mengambil hati pelanggan maka pelanggan itu akan selalu kembali ke toko tersebut.

점점 나이를 먹을수록, 나는 왜 나의 엄마를 포함한 아주머니들이 쇼핑을 할 때 몇 시간씩 하는지, 이해를 하게 된다. 점점 나이를 먹는다는 것은, 점점 어른이 된다는 것이고, 가족을 꾸릴 경우 충족시켜야 하는 필요품들이 더욱 많아지게 되는 것을 의미한다. 이러한 이유로, 나이를 따라 점차 돈의 의미를 우리는 이해하게 된다. '절약은 부유함의 기초이다', 이 말은 돈으로 쇼핑하는 것을 조심하라는 의미를 가지고 있다.

내가 어렸을 때, 기억나는 것은 어떤 슈퍼마켓에서 나의 어머니가 물건을 고를 때 카트에 앉아 있던 것이다. 지금 나는 이미 30대가 되었음에도 불구하고, 나는 여전히 나의 어머니가 자주 방문했던 시장, 가게, 슈퍼마켓들이 기억난다. 매우 구식인 건물, 손으로 써주는 방식, 흥정할 수 있는 방식. 그러나 나는 이런 것들이 좋다. 어렸을 때 슈퍼마켓에서 뛰어 놀았던 것, 쇼핑몰에서 잃어버렸던 것 그리고 화장실에서 갇혔던 것.

인도네시아도 한국과 마찬가지로, 개인이 소유한 작은 상점시스템에서 편의점 시스템으로 점차 옮겨가고 있다. 이러한 상점은 모든 주택지역, 사무실지역, 그리고 대학교에서 찾아볼 수 있다. 개점시간도 개인소유의 작은 상점보다 훨씬 길고, 쇼핑을 더욱 흥미롭게 하는 쿠폰도 있다. 이러한 경쟁을 위하여 작은 상점들도 지혜를 잃지 않는다. 그들은 구매자에게 친절한 서비스를 행하고, 저렴한 가격으로 여러 물건들을 판매한다. 그리고 또한 고객들의 마음을 얻어서 그 단골 고객들이 다시 그 상점을 찾도록 만든다.

⊛ Seiring = ⟨se-⟩ ~와 함께 ; ~와 더불어 ; (Kata Dasar = Iring : 함께하다 ; 줄이어 걷다).

⊛ Sadari = ⟨-i⟩ 깨닫다 ; (Kata Dasar = sadar : 의식을 되찾다 ; 깨어나다).

⊛ Berkeluarga = ⟨ber-⟩ 가정이 있다 ; (Kata Dasar = keluarga : 가족) ; Contoh : Dia belum berkeluarga. 그녀는 아직 결혼하지 않았다.

⊛ Hemat = 돈 쓰는데 주의하다 ; 절약하다.

⊛ Pangkal = 기본 ; 기초.

⊛ Ungkapan = ⟨-an⟩ 관용어(Kata Dasar = ungkap : 마음을 나타내다 ; 표현하다).

⊛ Terkenang = ⟨ter-⟩ ~를 불현듯 떠올리다 ; (Kata Dasar = kenang : 회상하다 ; 떠올리다) Contoh : (1) Semua itu hanyalah kenangan masa lalu 모두 단지 추억일 뿐이다. ; (2) Kita harus selalu mengenang jasa para pahlawan yang telah gugur di perang. 우리는 전쟁에서 죽은 영웅들을 항상 기려야한다.

⊛ Kereta dorong = 손수레.

⊛ Meskipun = 그래도.

⊛ Kuno = 오래되다 ; 고대의.

⊛ Tawar-menawar = 서로 가격을 흥정하다.

⊛ Sewaktu = ⟨se-⟩ ~할 때 ; (Kata Dasar = waktu : 시간 ; 때).

⊛ Terkunci = ⟨ter-⟩ 잠겨지다 ; 열쇠가 채워지다 ; (Kata Dasar = kunci : 자물쇠).

⊛ Pribadi = 개인인 ; 사적인.

⊛ Tergeser = ⟨ ter-⟩ 마찰되다 ; (Kata Dasar = geser : 문지르다 ; 마찰하다).

⊛ Waralaba = (회사의) 가맹점 영업권 [독점 판매권] ; (정부에서 주는) 독점 사업권.

⚡ Ditemui = 〈di-〉~으로 만나다 (Kata Dasar = temu : 만나다 ; 마주치다).

⚡ Persaingan = 〈per-an〉 경쟁 ; 경합 ; (Kata Dasar = saing : ~와 겨루다 ; ~와 경쟁하다)
Contoh : Karena persaingan yang sangat ketat, meskipun mereka sama-sama satu bangsa akhirnya berkelahi juga untuk memperebutkan posisi itu. 심각한 정도의 경쟁 때문에, 심지어 그들이 같은 나라에서 왔음에도 불구하고, 그들의 자리 때문에 싸워야만 했다.

⚡ Keramahan = 〈ke-an〉 점잖음 ; 사교적임 ; (Kata Dasar = ramah : 부드럽고 마음이 좋다 ; 점잖다) ; Contoh : Keramahan keluarga Song Ja tidak akan pernah kulupakan. 저는 절대 송자씨 가족들의 친절을 잊지 않을거에요.

⚡ Menyediakan = 〈me-an〉 준비하다 ; 채비하다 ; (Kata Dasar = sedia : 준비가 되다 ; 채비가 되다) ; Contoh : Di tempat fitnes ini menyediakan konsultasi kesehatan gratis. 저 헬스장은 무료 건강상담 서비스를 제공합니다.

⚡ Harga miring = 값이 싸다.

◉• Pertanyaan-pertanyaan mengenai bacaan

1. Bagaimanakah kecenderungan orang yang sudah berkeluarga dalam berbelanja?
2. Apa kenangan si penulis sewaktu berbelanja dengan ibu?
3. Toko-toko waralaba ini letaknya dimana?
4. Apa kira-kira yang membuat pengunjung tertarik berbelanja di toko waralaba?
5. Apa yang dilakukan toko-toko kecil untuk bersaing dengan toko waralaba?

◉• Kosakota Hotel / Villa

1. Mal 백화점 ; 보행자 전용 상점가 ; 쇼핑센터
2. Pertokoan ⟨per-an⟩ 가게들의 밀집된 곳 ; 상가 (Kata Dasar toko : 상점 ; 가게)
3. Supermarket 슈퍼마켓
4. Grosiran ⟨-an⟩ 도매상으로 파는 가게 (Kata Dasar grosir : 도매상)
5. Diskon 할인
6. Cuci Gudang 클리어런스 세일 ; 창고 정리 판매 ; 염가 처분 판매
7. Ukuran ⟨-an⟩ 치수 ; (길이, 넓이 등의) 계측결과 (Kata Dasar ukur : 치수 ; 계량 ; 측량)
8. Kekecilan ⟨ke-an⟩ 너무 작다 (Kata Dasar kecil : 작다 ; 크지 않다)
9. Kebesaran ⟨ke-an⟩ 너무 크다 (Kata Dasar besar : 크다 ; 작지 않다)
10. Pas (Cocok) 적합하다 ; 알맞다
11. Tempat Ganti 탈의실 ; 옷을 바꾸어 입기 위한 방
12. Tawar 가격을 깎다
13. Harga pas 정가
14. Tukar 바꾸다 ; 교환하다
15. Kupon 쿠폰

◉• Percakapan(1)

Shopping Pakaian

Pegawai Toko : Silahkan lihat-lihat

Ada yang bisa dibantu?

Nona Lee : Saya sedang mencari blus putih

Pegawai Toko : Blus putih ada di bagian sini.

Blus ini bagaimana (Sambil menunjukkan sehelai blus kepada Nona Lee)

Warnanya bukan putih tapi ini keluaran terbaru.

Nona Lee : Coba lihat. Hmm boleh di coba?

Pegawai Toko : Boleh. Kamar gantinya ada di sebelah sini.

(Setelah mencoba)

Pegawai Toko : Bagaimana?

Nona Lee : Berapa ini harganya?

Pegawai Toko : Rp 150,000

Nona Lee : Tidak ada diskon.

Pegawai Toko : Maaf. Masa diskon baru saja lewat. Tapi 2 bulan lagi kami akan cuci gudang.

Nona Lee : OK. Tidak apa-apa. Itu satu saja.

Pegawai Toko : Terimakasih. Ini saya beri tas plastik yang bagus ya.

상점 점원 : 둘러보세요. 무엇을 도와드릴까요?

이   씨 : 전 흰색 블라우스를 찾고 있어요.

상점 점원 : 흰색 블라우스는 이 쪽에 있어요. 이 블라우스는 어떠세요?(이 씨에게 한 블라우스를 가르키면서). 색상은 흰색이 아니지만, 이거 신상이에요.

이   씨 : 한 번 볼께요. 음, 입어봐도 되나요?

상점 점원 : 네 되요. 탈의실은 이 쪽에 있어요.(착용해 본 이후).

상점 점원 : 어떠세요?

이   씨 : 이거 가격은 얼마에요?

상점 점원 : 150,000루피아에요.

이   씨 : 할인 없나요?

상점 점원 : 죄송합니다. 할인기간은 방금 지났어요. 하지만 저희는 2개월 후에 창고 정리를 할 예정이에요.

이   씨 : 알겠어요. 괜찮아요. 이거 하나 할께요.

상점 점원 : 감사합니다. 이거 제가 좋은 쇼핑백에 넣어 드릴께요.

◉• Percakapan(2)

Pegawai Toko : Selamat Datang. Ada yang bisa saya bantu?

Nona Baek   : Saya lihat-lihat dulu.

(Tak lama kemudian).

Nona Baek   : Hmm sepatu ini ada ukuran 245?

Pegawai Toko : 245? Hmm... disini untuk sepatu perempuan hanya sampai ukuran 42?

Nona Baek   : Kok lain dengan ukuran Korea ya?

Coba ukuran 39, Mas?

Pegawai Toko : Kalau begitu, saya ambilkan ukuran 38 dan 39 untuk model ini ya.

Silahkan duduk disini.

상점 점원 : 어서 오세요. 무엇을 도와드릴까요?

백　　씨 : 저 먼저 좀 둘러 볼게요.

　　　　　(오래 지나지 않아서).

백　　씨 : 음, 이 구두 245 사이즈 있나요?

상점 점원 : 245요? 음, 여기 여자 구두는 42사이즈밖에 나오지 않아요.

백　　씨 : 한국 사이즈 하고는 다르네요?

　　　　　39 사이즈 줘보세요.

상점 직원 : 만약 그렇다면, 제가 이 모델 38 사이즈하고 39 사이즈를 가져다 드릴께요.

　　　　　여기 앉아 보세요.

◉ Kosakata Percakapan(1)

1. Keluaran ⟨ke-an⟩ (식품 · 상품 · 자재의,
   특히 대량) 생산 ; (생산, 출판 등) 나온 것

2. Cuci gudang　창고 정리를 ; 큰 할인 ; 클
   리어런스 세일 ; 염가 처분 판매

Gunung Bromo

Berbagi Cerita

1. Pernahkah anda pergi ke gunung Bromo? Apakah anda pernah mendengar tentang gunung Bromo?
2. Apakah anda mempunyai hobi mendaki gunung? Atau hanya jalan-jalan ke gunung?
3. Sebutkan gunung tertinggi di negara anda!

Bacaan

Gunung Bromo adalah suatu gunung berapi yang masih aktif yang terletak di Tenggar, Jawa Timur. Ketinggian gunung Bromo ini mencapai 2,329m. Nama gunung Bromo ini berasal dari Brahma, kepercayaan Hindu. Gunung Bromo terletak di tengah lautan pasir, yang mana untuk menuju ke puncak orang-orang harus naik kuda. Letak gunung Bromo yang dikelilingi pegunungan menjadikan suatu obyek wisata yang menawan. Begitu banyak wisatawan baik domestik maupun luar negri yang mengunjungi Bromo untuk melihat matahari terbit. Udara di gunung Bromo sangatlah dingin sehingga jika anda harus membawa mantel, jaket musim dingin, sarung tangan, dan topi. Cobalah pergi ke gunung Bromo untuk menikmati pemandangan alam yang luar biasa.

브로모산은 동부 자와의 떵가르에 위치해 있으며, 아직 활동 중인 화산 중 하나입니다. 브로모산의 높이는 2,329m에 달합니다. 브로모산의 이름은 힌두교의 Brahma에서 유래된 것입니다. 브로모산은 모래언덕 한 가운데에 위치하고 있으며 정상에 오르기 위해서는 말을 타야만 합니다. 산맥에 둘러싸인 브로모산은 매력적인 여행지입니다. 일출을 보기 위해 브로모를 방문하는 국내외의 여행자들이 매우 많습니다. 브로모산은 기후가 매우 춥기 때문에 코트, 겨울용 자켓, 장갑, 그리고 모자를 챙겨가야 합니다. 브로모산에 가서 멋진 자연의 경치를 즐겨보세요.

◉ Kosakata Bacaan

- 🈂 Aktif = 활동적인 ; 부지런한.

- 🈂 Ketinggian = 〈ke-〉 높은 장소 ; 고도 ; (Kata Dasar = tinggi : 높다).

- 🈂 Lautan pasir = 큰 바다 만큼 모래가 많이 있는 곳.

- 🈂 Dikelilingi = 〈-i〉 포위되다 ; (Kata Dasar = keliling : 분할선 ; 주변).

- 🈂 Menawan = 마음을 사로잡다 ; 매혹하다.

- 🈂 Matahari terbit = 동틀녁 ; 일출 ; 해돋이.

- 🈂 Mantel = 외투 ; 코트.

- 🈂 Sarung tangan = 장갑.

◎ Pertanyaan-pertanyaan mengenai bacaan

1. Dimanakah letak gunung Bromo?

2. Berapa ketinggian gunung Bromo?

3. Bagaimanakah udara di gunung Bromo?

4. Gunung Bromo dikelilingi oleh apa?

5. Darimanakah asal usul nama gunung Bromo?

◎ Kosakota Hotel / Villa

1. Naik 올라가다 ; 상승하다

2. Turun 내려가다 ; 내려오다

3. Tanjakan 경사진 부분

4. Hati-hati 조심하다 ; 경계하다

5. Pemandangan 경치 ; 산이나 들, 강, 바다 따위의 자연이나 지역의 모습

6. Indah 아름답다 ; 예쁘다

7. Penginapan 숙박소 ; 잠을 자고 머무를 수 있는 곳

8. Jip 지프차

9. Kuda (동물) 말

10. Dingin 춥다 ; 차갑다

Di Gunung Bromo-harus naik jip

Pak Budi   : Nah sampai disini kita harus naik jip.

Pak Ku   : Waaahh ada banyak jip ya.

Ibu Budi   : Langganan kita dimana Pak?

Pak Budi   : Oh itu dia. Oiii... disini.

Pemilik Jip : Pak Budi sudah lama ya. Bawa tamu lagi kali ini?

Pak Budi   : Iya. Ini perkenalkan Pak Ku dari Korea.

Pak Ku   : Kenalkan Pak Ku dari Korea. Jip anda besar dan terawat ya.

Pemilik Jip : Wah, terima kasih Pak Ku. Jip ini sepeti anak saya sendiri,
                    untuk cari nafkah soalnya. Mari naik...

브로모 산에서– 지프차타기

부　디　씨 : 자, 여기부터 우리는 지프차를 타야 해요.

구　　　씨 : 와, 지프차가 많네요.

부　디　씨 : 우리 단골은 어디에 있어요?

부　디　씨 : 오, 저기 있네요. 여기요.

지프차 주인 : 부디 씨 오랜만이네요. 이번에도 손님을 데려 오셨네요.

부　디　씨 : 네. 소개할께요. 한국에서 온 구 씨에요.

구　　　씨 : 소개할께요, 한국에서 온 구 입니다. 당신 지프차가 크고 튼튼하네요.

지프차 주인 : 와, 고맙습니다 구 씨. 이 지프차는 제 자식 같아요, 생계를 위한 것이기도
                      하고. 자 탑시다.

◉ Percakapan(2)

Sampai di puncak Gunung Bromo

Bu Budi　: Aaaa... sampailah kita.

Pak Budi : Pak Ku tidak kedinginan. Jaket anda tipis sekali

Pak Ku　 : Tadinya pikir saya udaranya tidak begitu dingin, ternyata...

Bu Budi　: Pak, ayo kita ke penyewaan jaket langganan kita.
Kasihan Pak Ku. Badannya gemetaran begitu. Nanti kalau sampai sakit, besok lusa tidak bisa ke pabrik yang ada di Cikareng.

Pak Budi : Tapi pemilik pabrik di Cikareng itu kenalanku kok. Pasti bisa dibicarakan sama dia. Tapi ya mari... kita cari penyewaan jaket.

Pak Ku　 : Maaf merepotkan sekali.

Bu Budi　: Tidak apa-apa Pak Ku. Anda sekarang ikut suami saya ya. Saya kebelakang dulu, setelah itu saya akan ke warung. Pak Ku mau titip apa?

Pak Ku　 : Ada teh hangat?

Bu Budi　: Ada. Ada juga teh jahe hangat dan sekoteng?

Pak Ku　 : Terimakasih Bu Budi. Teh hangat saja satu.

Bu Budi　: Sama-sama Pak Ku.

부디 여사 : 아, 우리 여기까지 해요.

부 디 씨 : 구 씨, 춥지 않아요? 당신 자켓이 너무 얇아요.

구　　　씨 : 아까 공기가 그다지 차갑지 않을 거라 생각했는데, 알고 보니….

부디 여사 : 우리가 자주 가는 자켓 빌려주는 곳으로 가요. 구 씨 안쓰러워요. 저렇게 몸을 떨
　　　　　고 있잖아요. 만약 아프게 되면, 내일 모레 찌까랑에 있는 공장에 갈 수 없어요.

부 디 씨 : 그런데 그 찌까랑에 있는 공장 주인은 나와 아는 사이에요. 분명히 그와 이야
　　　　　기하면 될 거에요. 하지만 자, 우리 자켓 빌려주는 곳을 찾읍시다.

구　　　씨 : 죄송해요, 번거롭게 해드려서요.

부디 여사 : 괜찮아요 구 씨. 지금 제 남편을 따라 가세요. 저는 화장실에 먼저 갔다가, 그
　　　　　이후에 와룽으로 갈께요. 구 씨 뭐 부탁할 거 있으세요?

구　　　씨 : 따뜻한 차 있나요?

부디 여사 : 있어요. 따뜻한 생강차도 있고 스꼬뗑차도 있어요.

구　　　씨 : 고맙습니다 부디여사. 따뜻한 차 한 잔만 부탁해요.

부디 여사 : 천만에요 구 씨.

◎ Kosakata Percakapan(1)

1. Langganan 단골 가게 ; 단골 손님
2. Terawat 〈ter-〉 손질이 잘 된, 잘 가꾸어
   진 ; 간호 받다 ; 보살핌을 받다(Kata
   Dasar rawat : ~을 돌보다 ; ~에 주의
   하다[신경을 쓰다 ; ~에 대한 책임이 있
   다 ; ~을 처리하다)
3. Nafkah 생계비 ; 생활비
4. Soalnya −때문에 ; 그 이유는….

◎ Kosakata Percakapan(2)

1. Gemetaran 〈-an〉 떨림 ; 무서워 몸을
   많이 부르르 떨다(Kata Dasar gemetar :
   무서워 몸을 부르르 떨다
2. Kenalan 〈-an〉 아는 사람 ; 지인 ;
   (Kata Dasar kenal : 알고 있다)
3. Titip 위탁 ; (물건을) 맡기다
4. Sekoteng 인도네시아 따뜻한 생강차 ; 생
   강으로 만드는 중앙자바의 전통 음료술

Jalan-jalan

Berbagi Cerita

1. Sukakah anda jalan-jalan? Jalan-jalan dengan sepeda, sepeda motor atau dengan mobil?
2. Biasanya anda jalan-jalan dengan siapa?

Bacaan

Tiap-tiap orang mempunyai kesukaan masing-masing. Begitu pula dengan cara menghabiskan waktu luang ataupun liburan. Tidak ada orang yang tidak menyukai liburan, baik anak kecil, remaja, maupun orang dewasa. Di Indonesia banyak hari libur, dikarenakan 5 agama yang dianut dan sejarah perjuangan mencapai kemerdekaan yang panjang. Jadi, ada hari raya dan hari nasional.

Di Indonesia banyak terdapat daerah wisata, tempat hiburan, dan mal-mal besar. Jika anda seseorang yang menyukai alam, gunung dan pantai pastilah menjadi pilihan anda. Jika anda hobi belanja dan nongkrong di kafe, supermarket dan mal-mal besar tentulah menjadi pilihan anda. Tetapi, tidak semua orang suka keluar rumah. Ada pula yang suka menghabiskan waktu luangnya di rumah.

Menonton TV atau film, main game, membaca, berkebun, bahkan menata kembali rumah bisa menjadi pilihan anda untuk bersantai. Saya, pribadi seiring dengan bertambahnya usia saya. Saya hanya ingin menambah pengetahuan saya dan kantong saya alias keuangan. Selain itu saya suka mengunjungi panti- panti asuhan dan tempat penampungan binatang. Hal ini saya jadikan hobi untuk masa depan yang lebih baik dan diterimanya diri saya di akherat.

모든 사람은 각자의 취미를 가지고 있다. 여가시간 혹은 휴가를 보내는 방식 역시 다양하다. 아이부터 청소년 그리고 성인에 이르기까지 휴가를 좋아하지 않는 사람은 없다. 인도네시아에는 많은 휴일이 있는데, 이는 5개 종교와 독립을 이루기 위한 오랜 투쟁역사로 인해 생긴 기념일과 국경일 때문이다.

인도네시아에는 관광지역, 휴양지역 그리고 대형 쇼핑몰들이 많이 있다. 당신이 자연을 좋아하는 사람이라면, 산과 해변이 당신의 선택이 될 것이다. 당신이 쇼핑과 까페에서의 대화를 즐겨하는 사람이라면, 슈퍼마켓과 대형 쇼핑몰이 당신의 선택이 될 것이다. 그러나, 모든 사람이 집 밖으로 나가는 것을 좋아하는 것은 아니다. 집에서 여가시간을 보내는 것을 좋아하는 사람도 있을 것이다.

텔레비전 혹은 영화 시청, 게임, 독서, 정원 가꾸기, 또는 집 정리 정돈이 휴식을 취하는 당신의 선택이 될 수도 있다. 나는 나이가 들어가면서 내 지식을 더하는 것이나 내 주머니가 커지는 것을 원한다. 그 외에, 고아원들을 방문하고, 애완동물 보호소을 방문하는 것을 좋아한다. 나는 이것을 나의 좀 더 나은 미래와 내세를 위하여 취미로 삼고 있다

- Kesukaan = 〈ke-an〉 ; (Kata Dasar = suka : 좋아하다 ; 마음에 들다) ; Contoh : Kesukaannya berolah raga. 그가 가장 좋아하는 것은 운동이다.

- Waktu Luang = 여가 ; 일이 없어 남는 시간.

- Remaja = 십대 (나이가 13~19세인 사람).

- Dewasa = 성인 ; 어른.

- Perjuangan = 〈pe-an〉 ; (Kata Dasar = Juang : 노력하다 ; 전쟁에서 싸우다) ; Contoh : Perjuangannya tiada akhir. 그의 노력은 끝이 없다.

- Hari raya = 공휴일.

- Hari nasional = 건국 기념일 ; 축제일.

- Pilihan = 〈-an〉 선택 ; (Kata Dasar = pilih : 선택하다 ; 고르다) ; Contoh : Kamu adalah gadis pilihan saya. 당신은 내 인생에 하나뿐인 여자.

- Nongkrong = (…에서) 많은 시간을 보내다.

- Menata = 정리하다 ; 문제가 되거나 불필요한 것을 줄이거나 없애서 말끔하게 바로 잡다.

- Pribadi = 개인적인 ; 사적인.

- Seiring = 함께하다 ; 줄이어 걷다.

- Pengetahuan = 지식 ; 알고 있는 내용이나 사물.

- Kantong = 주머니 ; 옷의 일정한 곳에 헝겊을 달거나 옷의 한 부분에 헝겊을 덧대어 돈, 소지품 따위를 넣도록 만든 부분.

- Keuangan = 〈ke-an〉 재원, 금융 ; (Kata Dasar = uang : 돈 ; 사물의 가치를 나타내며, 상품의 교환을 매개하고, 재산 축적의 대상으로도 사용하는 물건) ; Contoh : Keuangan keluarga Pak Dodi kurang baik bulan ini. 도디가족의 재정은 이번 달에는 좋지 않다.

✈ Panti Asuhan = 고아원 ; 고아를 거두어 기르는 사회사업 기관.

✈ Tempat Penampungan Binatang = 동물 보호소.

✈ Akherat = 내세 ; 죽은 뒤에 다시 태어나 산다는 미래의 세상을 이른다.

● Pertanyaan-pertanyaan mengenai bacaan

1. Mengapa banyak hari libur di Indonesia?
2. Tolong sebutkan tempat-tempat wisata yang bisa dikunjungi di Indonesia?
3. Jika seseorang tidak suka keluar rumah, kemanakah ia bisa pergi?
4. Apa kesukaan si penulis?
5. Mengapa kita harus berbuat baik terhadap sesama?

● Kosakata

1. Menarik 재미있다 ; 흥미롭다.
2. Menakjubkan 놀라게 하다 ; 경악하다.
3. Menggiurkan 매료시키다 ; 매혹시키다.
4. Menghabiskan uang 돈을 보냈다.
5. Cuci mata 물건은 사지 않고 구경만 하다.
6. Bokek 돈이 없다.
7. Berbelanja 쇼핑하다 ; 물건을 사러 백화점이나 상점에 가다.
8. Menyenangkan 재미있다 ; 아기자기 하게 즐겁고 유쾌한 기분이나 느낌이 있다.
9. Penuh 가득하다 ; 빈 공간이 없다
10. Antrian 늘어선 줄 / 열 ; 대기열

◉•Percakapan(1)

Edvan : Enaknya Sabtu ini kita kemana ya?

You Min : Ke Puncak berenang, main bilyard, makan sate dan jagung bakar, terus malamnya ke karaoke.

Ruslim : Sepertinya elo sudah ada rencana nih.

You Min : Bukan... haha... tapi rencanaku bagus kan?.

Ruslim : Ayo pergi sekarang kalau begitu

Edvan : Ini kan masih Jumat sore.

You Min : Kan sekarang ngnggur.

Edvan : Enak saja. Gue ada les bahasa Inggris ini nanti jam 7. Besok aja perginya.

Ruslim : Gue susah bangun pagi. Biar gue yang nyetir deh malam ini.

Edvan : Bensinnya?

Ruslim : Jangan pelit begitu donk... villanya gue, bensinnya kamu / dan bagian makan minum You Min.

You Min : Sip.

Edvan : OK deh. Tunggu ya / sampai jam 8.

에드반 : 이번 토요일에 어디로 가?

유　민 : 뿐짝가서 수영하고, 당구치고, 사떼랑 구운 옥수수도 먹고, 그리고 저녁에는 가라
　　　　오케 가자.

루슬림 : 너 이미 계획 짠 것 같다.

유　민 : 아니야, 하하. 그런데 내 계획 좋지 않아?

루슬림 : 그렇다면 지금 가자.

에드반 : 아직 금요일 오후잖아.

유　민 : 지금 할 것 없잖아.

에드반 : 아닌데, 나 이따 7시에 영어수업 있어. 그냥 내일 가자.

루슬림 : 나 일찍 일어나는 거 힘들어. 오늘 저녁에 내가 운전할께.

에드반 : 휘발유는?

루슬림 : 그렇게 인색하게 굴지마. 빌라는 내가, 휘발유는 너가, 그리고 먹는거랑 마시는
　　　　거는 유민이 하자.

유　민 : 좋아.

에드반 : 그래. 8시까지 기다려.

Pak Bambang : Pak Kim, hari Sabtu ini ada rencana?

Pak Kim : Belum ada. Tapi saya harus bersama keluarga.

Pak Bambang : Bagaimana kalau keluarga Pak Kim bersama keluarga saya sama-sama ke Malang?

Pak Kim : Ide yang bagus itu Pak Bambang, anak perempuan dan anak laki-laki anda usianya kan sama dengan anak-anak saya.

Pak Bambang : Istri anda pun usianya hampir sama dengan istri saya.

Pak Kim : Betul. Kalau begitu mari kita jalan bersama ke Puncak. Sekarang kita hanya harus mencari villa.

Pak Bambang : Waaa... besar juga Pak Bambang. Kalau begitu nanti malam kita rundingan lagi, / saya harus membicarakan hal ini dengan anak istri saya.

밤방 씨 : 김 씨, 이번 토요일에 계획 있어요?

김　씨 : 아직 없어요. 그런데 전 가족들하고 같이 있어야 해요.

밤방 씨 : 김 씨 가족하고 나의 가족하고 함께 말랑으로 가는 건 어때요?

김　씨 : 밤방 씨 아이디어 좋아요, 당신 아이들하고, 내 아이들하고 나이도 같잖아요.

밤방 씨 : 당신 아내 나이도 내 아내 나이와 거의 같지 않아요?

김　씨 : 맞아요. 만약 그렇다면, 우리 뿐짝으로 함께 가요. 지금 우리는 빌라만 찾으면 되요.

밤방 씨 : 김 씨, 저 세 가족이 사용하기에 충분한 꽤 넓은 빌라를 가지고 있어요.

Kosakata Percakapan(1)

1. Enaknya (-하는 편이) 더 좋다
2. Sepertinya 만일 –한다면 ; –경우라면
3. Nganggur (시간을) 특별히 하는 일이 없다 ; 직업이 없다
4. Les 과외 보충수업 ; 과외수업
5. Nyetir 운전하다
6. Pelit 구두쇠
7. Sip 최고의 ; 훌륭하다

Kosakata Percakapan(2)

1. Rundingan 〈-an〉토의 ; 토론 ; 협의 내용
2. Anakistri 딸 / 아들과 부인

Pantai

Berbagi Cerita

1. Sukakah anda akan pantai? Seringkah anda pergi ke pantai?
2. Biasanya aktivitas apakah yang anda lakukan di pantai?
3. Coba sebutkan salah satu pantai yang anda paling sering kunjungi atau yang paling anda sukai?

Bacaan

Indonesia memang terkenal akan panorama dan kekayaan alamnya. Terdapat begitu banyak pantai di Indonesia karena Indonesia adalah negara kepulauan. Di kesempatan ini saya ingin bercerita tentang pantai-pantai di pulau Jawa. Jawa adalah salah satu pulau terbesar di Indonesia. Ibukota Indonesia, Jakarta terletak di Jawa Barat, sedangkan kota nomer dua yang terbesar adalah Surabaya. Surabaya berdomilisi di propinsi Jawa Timur.

Di kecamatan Cidaun, Cianjur Selatan, Jawa Barat terdapat panorama pantai Jayanti yang indah. Pantai Sawarna dan pantai Carita terletak di provinsi Banten. Semua para pengunjung bisa berenang dengan nyaman dan gembira. Pantai Krawu dan pantai Siung tergolong pantai yang masih baru, terletak di Jogjakarta. Jika anda ingin mencari dan melihat biota laut , pergilah ke pantai Krakal, letaknya di sebelah Timur Jogjakarta. Di Jawa Timur, terdapat beberapa pantai diantaranya pantai Ngliyep yang terletak di kabupaten Malang dan pantai Delegan yang terletak di Gresik.

Pantai-pantai yang saya ceritakan diatas hanya sebagian kecil dari tempat wisata di Indonesia. Lihatlah situs-situs mengenai pantai dan carilah informasi melalui teman dan orang-orang di sekitar anda. Kunjungilah pantai-pantai di Indonesia. Lupakanlah masalah dan beban anda. Menyatulah dengan alam, maka jiwa raga anda pun akan terasa baru lagi.

인도네시아는 자연의 아름다운 정경과 풍요로움으로 매우 유명하다. 인도네시아에서 그렇게 많은 해변을 발견할 수 있는 것은 인도네시아가 섬나라이기 때문이다. 이 기회에, 나는 자바섬의 해변들에 대해 이야기하고자 한다. 자바는 인도네시아에서 가장 큰 섬 중 하나이다. 인도네시아의 수도인 자카르타가 서부자바에 위치해 있으며, 두 번째로 큰 제 2 도시는 수라바야이다. 수라바야는 동부자바주에 위치하고 있다.

서부자바 남부 찌안주르 찌다운 면(面)에서는 아름다운 자반띠 해변의 정경을 볼 수 있다. 사와르나 해변과 짜리따 해변은 반뜬 주에 위치해 있다. 모든 방문객은 편안하고 즐겁게 수영을 할 수 있다. 끄라우 해변과 시웅 해변은 새(新)해변에 속하며, 족자카르타에 위치해 있다. 당신이 백사장을 찾아 보기를 원한다면, 족자카르타 동부에 위치한 끄라깔 해변으로 가라. 동부자바에서는 몇몇 해변을 발견할 수 있는데, 그 중 말랑 군(郡)에 위치한 응리엡 해변과, 그레식에 위치한 들레간 해변이 있다.

위에서 설명한 해변들은 인도네시아 수많은 관광지역 중 일부분에 불과하다. 해변에 관한 사이트를 보고, 당신 주위의 사람들과 친구를 통하여 정보를 찾아라. 인도네시아의 해변들을 방문해라. 당신의 문제와 부담을 잊어라. 자연과 하나되면, 당신의 정신 또한 다시 새롭게 될 것이다.

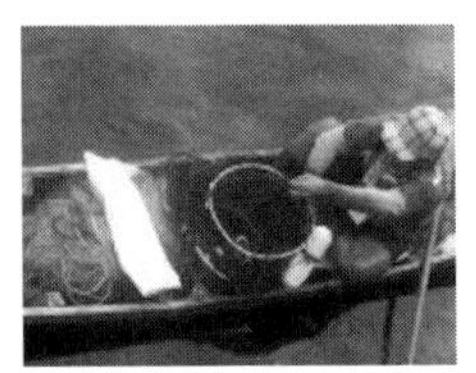

🌑 Panorama = 파노라마 ; 보기.

🌑 Kekayaan alam = 천연 자원.

🌑 Ibukota = 수도.

🌑 Berdomilisi = 〈ber-〉 실제로 살다 ; 거주하다 ; (Kata Dasar = domilisi : 주소지 ; 공식 거주지) ; Contoh : Pabriknya berdomisili di Jawa Timur. 그의 공장은 동자바 지역에 위치하고 있습니다.

🌑 Propinsi = 해정 구역으로서의 도.

🌑 Kecamatan = 〈ke-an〉 행정구역 면 / 읍 ; (Kata Dasar = camat : 장) ; Contoh : Rumahku di kota Surabaya, kecamatan Wonocolo. 저의 집은 오노콜로구, 수라바야지역에 있습니다.

🌑 Pengunjung = 〈pe-〉 ; (Kata Dasar = kunjung : 방문) ; Contoh : Perhatian-perhatian, para pengunjung mal A diharap meninggalkan tempat segera karena timbulnya asap di lantai atas. 주목해 주세요. 윗층에서 연기가 나고 있으므로 말A 고객들은 즉시 대피하세요.

🌑 Tergolong = 〈ter-〉 포함되다 ; 속하다 ; (Kata Dasar = golong : 그룹으로 나누다 ; 분류하다) ; Contoh : Dia tergolong anak yang orang tuanya kurang mampu. 그는 부유한 부모님이 안 계신 것에 대해 고려했다.

🌑 Biota laut = 즉 생물.

🌑 Kabupaten = 군.

🌑 Melalui = 으로 ; 길을 지나치다.

🌑 Kunjungilah = 오세요, 방문하세요, 놀러오세요.

🌑 Beban = 짐 ; 책임 ; 부담.

✈ Menyatulah = 〈me-lah〉 뭉치다 ; 일치하다 ; (Kata Dasar = satu : 하나) ; Contoh : Menyatulah kembali pasangan itu. 그 커플들은 다시 둘이 되었다.

✈ Jiwa raga = 정신과 육체.

◉ Pertanyaan-pertanyaan mengenai bacaan

1. Dimana letak ibukota Indonesia?
2. Apa nama kota ke dua terbesar di Indonesia dan dimana letaknya?
3. Pantai-pantai apa sajakah yang terdapat di kota Jogjakarta?
4. Pantai-pantai apa sajakah yang terletak di Jawa Timur?
5. Manfaat apa yang kita bisa peroleh dengan pergi ke pantai?

◉ Kosakata

1. Sun Lotion 자외선 방지 크림
2. Berjemur 〈ber-〉 햇볕을 쬐다 ; (Kata Dasar jemur : 햇볕을 쬐다, 일광욕하다)
3. Terbakar 〈ter-〉 불이 난, 타고 있는 ; (Kata Dasar bakar : 태우다, 연소시키다, 불을 붙이다)
4. Oles —에 바르다
5. Tersengat 〈ter-〉 찔리다, 쏘이다 ; (Kata Dasar sengat : 벌, 전갈 등의)

6. Jalan-jalan 산책하다
7. Sewa 임대
8. Pesisir pantai 해변
9. Indah 아름다운
10. Elok 아름다운
11. Pakaian renang 수영복
12. Kacamata renang 물안경
13. Handuk 수건
14. Air asin 바닷물

Berjemur

Olia dan Myoung Sun sedang berjalan-jalan di pantai. Mereka sedang mencari tempat untuk bersantai-santai dan berjemur.

Olia : Disini bagaimana?

Myoung Sun : Kalo disana? Disini terlalu dekat dengan para pedagang jadi berisik.

Olia : Oh ya ya. Ok disana saja ya. Myoung Sun, kamu bawa sun lotion?

Myoung Sun : Ya donk. Tolong olesi punggunggku ya. Yang rata ya?

Olia : Emang elo putri.

Myoung Sun : Haha sori ya. Gue emang putri yang sedang menunggu pangeran. Mana sini punggungmu, gantian gue yang mengolesi punggungmu.

Olia : Hmm ogah ah... gue jalan-jalan dulu, sekalian cuci mata.

Myoung Sun : Yo i... kalo sudah bosan kesini ya.

일광욕

올리아와 명순은 해변에서 산책하고 있는 중이다. 그들은 휴식을 취하며 일광욕을 할 수 있는 장소를 찾고 있다.

올리야 : 여기 어때?

명   순 : 저기는? 여긴 물건 파는 사람들하고 너무 가까워서 시끄러워.

올리아 : 응. 그럼 저기로 하자. 명순, 너 썬크림 가져왔어?

명   순 : 그럼. 내 등에 발라줘. 골고루 발라줘.

올리아 : 넌 역시 공주야.

명   순 : 하하 미안. 난 당연히 왕자를 기다리고 있는 공주지. 하하. 너 등은 어디 있어, 바
꿔서 내가 너 등에 발라 줄께.

올리아 : 흠. 난 먼저 산책할래. 눈 정화도 할 겸.

명   순 : 응… 알아서, 지루해지면 여기로 와.

◉ Kosakata Percakapan (1)

1. Emang (memang) 정말 ; 당연한

2. Gantian (-an) bergantian : 서로 바꾸다

3. Cuci mata 구경하다, 재미있는 것을 보다

◉ Percakapan(2)

Banana Boat

Myoung Sun	: Kita naik ini yuk.
Olia	: Ayo... yuk... ini aku bawa 2 teman.
Myoung Sun	: Siapa mereka?
Olia	: Foto model Brasil (tertawa geli).
Myoung Sun	: Dapet darimana? Ketemu dimana? Jangan ngajak cowok sembarangan. Gimana sih?
Olia	: Tenang. Santai donk. Mas, ini berapa sewanya?
Penyewa Banana Boat	: Satu orang Rp 60,000 Non.
Olia	: Rp 50,000 saja ya Mas. Kita berempat lho.
Penyewa Banana Boat	: Non... sekarang lagi sepi non jadi susah kalau dikurangi harganya.
Olia	: Ya sudah. Dua kali putaran Rp 50,000, Mas gimana? Myoung Sun, kamu ok?
Myoung Sun	: Hei, yang bayar bukan kita kan? Cowok-cowok Brasilmu itu yang akan bayar, kan?
Olia	: Dasar... katanya harus hati-hati kalo bawa orang...
Myoung Sun	: Hehe... gimana, Mas boleh nggak dikurangi, 2 kali putaran lho?
Penyewa Banana Boat	: Ya udah boleh Non, boleh.
Myoung Sun	: Aku pokoknya nggak mau duduk didepan. Takut.

바나나 보트

명   순 : 우리 이거 타자.

올   리   아 : 자, 여기 내가 친구 2명 데려왔어.

명   순 : 그들은 누구야?

올   리   아 : 브라질 모델이야.(크게 웃음)

명   순 : 어디서 데려왔어? 어디에서 만났어? 아무 남자나 데려오지마.
                           어떻게 해?

올   리   아 : 진정해, 편하게 해. 저기요, 이거 빌리는 데 얼마에요?

바나나보트 빌려주는 사람 : 한 사람당 60,000루피아에요 아가씨.

올   리   아 : 50,000루피아로 해줘요. 우리 4명이잖아요.

바나나보트 빌려주는 사람 : 아가씨, 요새 사람도 없고 그래서 가격을 깎아 주기는 어려워
                           요.

올   리   아 : 네 그럼, 2번 도는 데에 50,000루피아로 해요, 어때요? 명순,
                           오케이지?

명   순 : 돈 내는 건 우리가 아니지 않아? 저 브라질 남자들이 돈 내는
                           거지 않아?

올   리   아 : 아이 참…아까 사람을 데려오면 말조심 하라고 지금…

명   순 : 헤헤, 만약 가격 깎아주는 게 안되면, 2번 회전은 어때요?

바나나보트 빌려주는 사람 : 네, 되요. 아가씨.

명   순 : 난 절대로 앞에 앉는 건 싫어. 무서워.

◎• Kosakata Percakapan (2)

1. Tertawa geli 크게 웃음
2. Ngajak 함께하자고 청하다 ; (Kata Dasar ajak : 함께하자고 청하다) 〈비공식적인〉
3. Cowok 남자 특히 20대 남자 ; Cewek : 여자 특히 20대 여자
4. Sembarangan (-an) 아무렇게나 ; (Kata Dasar sembarang : 아무렇게나)
5. Tenang 평온한 ; 조용한 ; 움직임 없는
6. Mas 나이 많은 남자 형제에 대한 호칭 ; 20대-30대 남자 형제에 대한 호칭 '저기요' ; '여기요'
7. Berempat 〈ber-〉 넷 모두 ; 넷으로 이루어진 (Kata Dasar empat : 넷 ; 숫자 사 4)
8. Sepi 조용한
9. Putaran 〈-an〉회전 ; 선회 ; 돌아감 (Kata Dasar putar : 회전 ; 선회)
10. Dasar 아이 참
11. Lho 놀라운 소리
12. Pokoknya 절대로 ; 중요한

Berbagi Cerita

20

1. Sukakah anda mencoba pengalaman baru?
2. Coba ceritakan salah satu pengalaman anda yang paling berkesan dalam mencoba sesuatu yang baru?

◉ Bacaan

Yuna baru tiba di Jakarta, Indonesia. Ia datang ke Jakarta untuk mengajar Taekwondo dan bahasa Korea. Yuna bisa berbahasa Indonesia sedikit. Ia juga mempunyai bakat musik dan seni. Dia memang sangat berbakat. Ketika sampai di Bandara Soekarno Hatta, Yuna menolak untuk dijemput. Ia pergi ke rumah keluarga Lisa dengan taksi.

Sesampai di rumah keluarga Lisa. Yuna tidak menyia-yiakan waktunya sedikit pun, ia segera berjalan-jalan di perumahan bersama Lisa dengan sepeda motor. Yuna segera mempelajari rute angkutan umum Jakarta Timur. Hari-hari berlalu dengan cepatnya, tak terasa sudah satu tahun lamanya Yuna tinggal bersama keluarga Lisa. Bahasa Indonesia Yuna sudah sangat lancar sekali, ia bahkan bisa menulis lagu dan puisi dalam bahasa Indonesia. Dua kali seminggu ia pergi ke pasar tradisional, setiap hari ia melatih Taekwondo dan mengajar bahasa Korea di sebuah sekolah, tiga kali seminggu ia berlatih alat musik angklung dan karate.

Yuna menulis perjalanan dan pengalamannya di Indonesia. Ia sangat antusias dalam belajar dan menolong sesama. Ia terkenal di sebuah panti asuhan di kecamatan keluarga Lisa. Ia ikut berpartisipasi menjual masakan Korea yang dikombinasikan dengan cita rasa Indonesia pada acara 17 Agustus. Banyak ibu-ibu yang ingin Yuna menjadi menantu mereka, dan banyak gadis-gadis yang ingin menjadi Yuna. Nama Yuna menjadi harum. Selamat jalan Yuna. Sampai bertemu kembali di lain kesempatan. Kami akan selalu mengingatmu.

유나는 인도네시아 자카르타에 도착하였다. 그녀는 태권도와 한국어를 가르치기 위하여 자카르타로 왔다. 그녀는 인도네시아어를 조금 할 수 있었다. 또한 그녀는 음악과 예술에 재능을 가지고 있었다. 그녀는 정말 재능이 있었다. 수카르토 핫타 공항에 도착했을 때, 유나는 픽업을 거부했다. 그녀는 택시를 타고 리사 가족의 집으로 갔다.

리사 가족의 집에 도착하자마자, 유나는 약간의 시간도 허비하지 않고 신속히 오토바이를 타고 리사와 함께 동네를 돌아다녔다. 유나는 동부 자카르타의 대중 교통수단 루트를 빠르게 배웠다. 시간은 빠르게 흘러서 유나가 리사 가족과 함께 산 지 이미 1년이 되었음을 느끼지 못할 정도였다. 유나의 인도네시아어는 이미 굉장히 유창해졌고, 뿐만 아니라 그녀는 인도네시아어로 노래와 시를 만들 수 있었다. 일주일에 두 번 그녀는 재래시장에 가고 매일 한 학교에서 태권도를 훈련시키고 한국어를 가르쳤다. 일주일에 세 번 그녀는 앙꿀룽 음악과 까라떼 음악악기를 연습했다.

유나는 인도네시아에서의 여행과 경험을 글로 썼다. 그녀는 학습하는 것과 서로 협력하는 것에 대해 매우 열정적이었다. 그녀는 리사의 가족 집이 있는 면에 위치한 한 고아원에서 유명했다. 그녀는 8월 17일 인도네시아 독립기념일 행사에서, 맛있는 한국 음식을 판매하는 것에 동참했다. 유나가 그들의 며느리가 되길 원하는 아주머니들과 유나처럼 되길 원하는 소녀들이 많이 있었다. 유나의 이름은 유명해졌다.

잘 가렴 유나. 또 다른 기회에 다시 만나게 되기를. 우리는 너를 항상 기억할께.

◉ Kosakata Bacaan

㉠ Baru = 새롭다.

㉠ Tiba = 도착하다 ; 다가오다.

㉠ Bakat = 타고난 재능 ; 소질.

㉠ Seni = 예술.

㉠ Berbakat = 〈ber-〉 흔적이 있다 ; 소질 / 재능이 있다(Kata Dasar = bakat : 타고난 재능 ; 소질).

㉠ Menolak = 〈me-〉 받지 않다 ; 거절하다 ; (Kata Dasar = tolak : 밀다) ; Contoh : (1) Tawaran kerjasamaku ditolak mentah-mentah olehnya 그는 그와 함께 그렇게 일하자는 나의 제안을 거절했다 ; (2) Yuni menolak dengan halus lamaranku. 유니는 나의 제안을 친절하게 거절했다.

㉠ Menyia-yiakan = 〈me-an〉 등한시하다 ; (Kata Dasar = sia-sia : 헛되다 ; 소용 없다) ; Contoh : Waktu itu uang, jangan suka menyia-yiakannya. 시간은 금이다. 당신의 시간을 낭비하지 마십시오.

㉠ Lancar = 원활하다 ; 막힘이 없다.

㉠ Lagu = 노래.

㉠ Puisi = 시 ; 운문.

㉠ Melatih = 〈me-〉 연습시키다 ; 훈련시키다 ; (Kata Dasar = latih : 연습하다 ; 숙련하다) ; Contoh : (1) Teruslah berlatih, jangan putus asa 계속 연습하세요. 포기하지 마세요 ; (2) Karena pelatihnya melanggar kesepakatan, ia segera mencari pelatih yang baru. 그의 코치가 계약을 깼기 때문에, 그는 즉시 새 코치를 찾으려고 노력했다.

㉠ Alat musik = 악기.

㉠ Angklung = 전통 대나무 악기.

㉠ Antusias = 열광적이다 ; 정열적이다.

🛪 Sesama = 같은 부류의.

🛪 Berpartisipasi = ⟨ber-⟩ 참가하다 ; 참여하다 ; (Kata Dasar = partisipasi : 참가 ; 가입) ; Contoh : Saya ingin berpartisipasi di kompetisi itu. 저는 이 경쟁에 참가하고 싶습니다.

🛪 Dikombinasikan = ⟨di-kan⟩ 결합되다 ; 조합되다 ; (Kata Dasar = kombinasi : 결합 ; 조합).

🛪 Cita rasa = (음식의) 맛 ; 취향.

🛪 Menantu = 며느리 ; 사위.

🛪 Harum = 향기롭다 ; 칭송이 자자하다 ; (Kata Dasar = kombinasi).

◉ Pertanyaan-pertanyaan mengenai bacaan

1. Dimanakah Yuna tinggal di Indonesia dan berapa lamanya?
2. Bagaimanakah Yuna bisa datang ke tempat keluarga Lisa dari Bandara Soekarno-Hatta?
3. Apa yang dilakukan Yuna selama di Indonesia?
4. Apa yang dilakuan Yuna pada acara 17 Agustus?
5. Kenangan apa yang akan diingat keluarga Lisa dan kenalan Yuna diingat Yuna.

◉ Kosakata

1. Pengalaman 경험
2. Tantangan 자극 ; 자극물
3. Menarik 재미있다 ; 흥미롭다
4. Perkumpulan 협회 ; 동문회
5. Coba-coba 뭔가 시도해보다

◉• Percakapan

Pak Dodi : Bagaimana kursus salsanya Pak Ku?

Pak Ku　 : Menyenangkan juga.
　　　　　　Tempat latihannya jauh lebih luas daripada di Korea dan murid-muridnya juga banyak yang jago. Jadi ini merupakan tantangan bagi saya.

Pak Dodi : Bagus···bagus. Senang saya mendengarnya Pak Ku cepat menyesuaikan diri.
　　　　　　Pak Ku, hari ini mau naik gunung?

Pak Ku　 : Wah, Pak Dodi saya tidak bisa mendaki.

Pak Dodi : Saya juga tidak bisa dan tidak pernah mencoba. Tapi yang saya maksud hanya jalan-jalan di gunung. Memang jalannya menanjak tetapi tidak berbahaya.
　　　　　　Hanya untuk olahraga.

Pak Ku　 : Boleh tuh. Saya mau ikut Pak Dodi. Terimakasih sudah sering memperkenalkan saya macam-macam kegiatan dari golf, bulu tangkis, ping pong, sekarang naik gunung... bisa langsing lagi saya.

Pak Dodi : Ayo Pak Ku semangat. Kita masih muda dan banyak uang hahahaaaa.

도디 씨 : 구 씨, 살사 수업은 어때요?

구　　씨 : 역시 재밌어요. 연습 공간도 한국보다 훨씬 넓고, 많은 학생들이 전문가 수준이
에요. 그래서 이것이 내게 도전이 되고 있어요.

도디 씨 : 좋아요, 좋아. 구 씨가 빠르게 적응하고 있는 것을 들으니 나도 기뻐요. 구 씨,
오늘 등산 할까요?

구　　씨 : 와, 도디 씨, 저는 오늘 등산 못 해요.

도디 씨 : 저도 해 본적도 없고, 못 해요. 그렇지만 제 말은, 산을 걷자는 거였어요. 물론
길이 경사졌지만, 위험하지는 않아요. 단지 운동을 위한 거에요.

구　　씨 : 네 가능해요. 저 도디씨 따라갈래요. 제게 골프, 배드민턴, 탁구, 지금은 등산까
지. 여러 활동을 소개해 주셔서 감사해요. 제가 다시 날씬해 질 수 있겠어요.

도디 씨 : 자, 구 씨. 힘내요. 우리 아직 젊고, 그리고 돈도 많잖아요. 하하.

◎ Kosakata Percakapan

1. Kursus 학원 ; 수업
2. Menyenangkan 〈me-an〉 즐거운 ; 기
쁘게 하다 ; −을 / −에 대해 좋아하다
(Kata Dasar senang : 기쁘다 ; 행복하
다)
3. Jago 전문가 ; 전문가 수준이다 ; 숙련되
다 ; 능숙하다
4. Tantangan 〈-an〉도전 ; (Kata Dasar
tantang : 도전하다 ; 맞서다 ; 대항하다)
5. Menyesuaikan diri 〈me-〉 (약간) 조정
하다 ; 적응하다 ; (새로운 용도 · 상황에)
맞추다 / 조정하다 ; (Kata Dasar
Sesuai : 적당한)
6. Mendaki 〈me-〉 하이킹을 가다 ; 올라가
다 ; 등산하다 ; (Kata Dasar Daki : 오
르다 ; 상승하다)
7. Menanjak 〈me-〉 길이 경사지다 ; 오르
다 ; → 위로 올라가다 ; (Kata Dasar
Tanjak : 오르다 ; 위로 비스듬히 올라가
다 ; 기울어지다)
8. Tuh (저기에 있는 곳) ～를 보여줄 때 사
용하는 반말

Berbagi Cerita

1. Bagaimanakah menurut anda tentang wanita Indonesia?
2. Apa bedanya wanita Indonesia dengan wanita-wanita negara lain?

21

◎• Bacaan

Dasar Wanita

Wanita suatu topik menarik untuk dibahas. Wanita Indonesia sangat berbeda satu sama lain. Hal ini bukan hal yang aneh lagi, karena kepulauan Indonesia yang begitu banyak yang tersebar dimana-mana. Ada yang berkulit gelap, sawo matang, kuning, putih, ada yang tinggi dan ada yang pendek. Tetapi sesuatu hal yang dimiliki wanita Indonesia pada umumnya adalah rambut hitam yang indah, kata-kata yang halus dan senyum yang menawan. Hal ini mencerminkan keramah-tamahan dan kesopanan wanita Indonesia. Wanita Indonesia juga cenderung memegang teguh kepercayaan agamanya. Mereka sangat menjunjung tinggi dan menaati nilai-nilai yang diajarkan oleh agama.

Jadi, apakah semua wanita Indonesia sempurna? Tidak. Namanya wanita, selalu rumit. Begitu kira-kira sifat wanita pada umumnya. Tidak mudah untuk memuaskan hati seorang wanita. Keinginannya tidak bisa ditebak. Wanita dari Venus dan pria dari Mars, pastilah banyak perbedaan jalan pikiran diantara dua makhluk ini. Selain itu, pastilah sifat manusia berbeda-beda, ada yang baik hati, penolong, pengertian, dan pemaaf.

Tapi ada juga yang mata duitan, rakus, dan egois. Oleh karena itu, harus berhati-hati dalam menilai orang. Tetapi satu hal penting yang harus kita sadari dan lakukan adalah untuk memperlakukan wanita dengan hormat dan halus, karena surga ada di telapak kaki ibu dan ibu adalah wanita ^^.

여자들은 다 마찬가지

여자는 연구하기에 재미있는 주제 중 하나입니다. 인도네시아 여성은 각각이 매우 다릅니다. 이 점은 이상할 것도 없는데, 그 이유는 인도네시아에는 섬이 매우 많고 여기저기로 흩어져 있기 때문입니다. 피부가 까맣거나, 갈색, 황색, 하얀 사람이 있고, 키가 크거나 작은 사람도 있습니다. 하지만 인도네시아 여성들이 일반적으로 가지고 있는 공통점은 검고 아름다운 머리카락, 부드러운 말, 그리고 매력적인 미소입니다. 이것은 인도네시아 여성들의 품위와 친근함을 반영하고 있습니다. 인도네시아 여성은 또한 그들의 종교적 믿음에 대해 매우 확고하게 고수하는 경향이 있습니다. 그들은 종교의 가르침에 대해 매우 순종하고 잘 지키려고 합니다.

그러면, 모든 인도네시아 여자들은 완벽한 것일까요? 아닙니다. 여자는 항상 복잡합니다. 여자의 특징이 대개 그렇습니다. 한 여자의 마음을 만족시키는 것은 쉬운 일이 아닙니다. 여자가 원하는 것은 추측이 불가능합니다. 금성에서 온 여자와 화성에서 온 남자, 이 두 피조물 사이에는 분명 생각하는 방식에 많은 차이점이 있습니다. 그 외에도, 사람의 성격이 서로 다르다는 것은 분명합니다. 착한 사람, 돕기 좋아하는 사람, 이해심이 넓은 사람, 그리고 남을 탓하지 않고 바로 용서를 구하는 사람이 있습니다. 하지만, 돈을 매우 밝히는 사람, 욕심을 부리고, 이기적인 사람도 역시 있습니다. 그렇기 때문에 사람을 평가하는데 신중해야 합니다. 하지만, 우리가 인지하고 실천에 옮겨야 할 중요한 한 가지는, 여성을 존중하고 부드럽게 대해야 한다는 것입니다. 왜냐하면, 어머니의 발바닥에 천국이 있고, 어머니는 여자이기 때문입니다.

◉• Kosakata Bacaan

❋ Topik = 주제 ; 화제.

❋ Dibahas = 토의되다 ; 논의되다 ; (Kata Dasar = bahas : 토의하다 ; 논의하다) ; Contoh : Saya sudah terlalu capai untuk membahas hal itu lagi. 그것에 대해 다시 얘기하면 너무 힘들다.

❋ Gelap = 어둡다.

❋ Sawo matang = 붉은 빛이 도는 갈색.

❋ Halus = 부드럽다 ; 점잖다.

❋ Menawan = 마음에 사로잡다 ; 매혹하다.

❋ Mencerminkan = 〈me-kan〉 ～을 반영하다 ; (Kata Dasar = cermin : 거울 ; 반사경).

❋ Keramah-tamahan = 〈ke-an〉 점잖음 ; 사교적임 ; (Kata Dasar = ramah-tamah : 부드럽고 마음이 좋다 ; 점잖다).

❋ Kesopanan = 〈ke-an〉 품행단정 ; 예의 ; (Kata Dasar = sopan : 공손한 ; 예의바른) ; Contoh : Kesopanan para pramugari maskapai penerbangan itu sangat terkenal. 저 비행기의 승무원의 좋은 태도는 잘 알려져 있습니다.

❋ Cenderung = 기울다 ; 비스듬하다.

❋ Memegang teguh = 〈me-〉 분명히 이행하다, 지키다 ; (Kata Dasar = pegang : 붙잡다 ; 집착하다) ; teguh : 경고하다 ; 강하다.

❋ Menjunjung tinggi = 〈me-〉 공경하다 ; 존경하다 ; (Kata Dasar = junjung : (지시, 명령 등을) 지키다 ; 따르다).

❋ Menaati = 〈me-i〉 복종하다 ; 따르다 ; (Kata Dasar = taat : 복종 ; 따름) ; Contoh : Karena ketakutan, petani itu menaati apa yang dikatakan oleh bosnya. 무서웠기 때문에, 그 농부는 그의 보스가 말한대로 했습니다.

❋ Nilai-nilai = 규범 ; 시각.

❋ Sempurna = 완벽하다 ; 완전하다.

* Rumit = 복잡하다 ; 복합되다.

* Memuaskan = ⟨me-kan⟩ 만족을 주다 ; 흡족하게 하다 ; (Kata Dasar = puas : (욕구가 충족되어 느긋한, 즐거운, 배부름 등으로) 흡족하다 ; 만족하다).

* Perbedaan = ⟨pe-an⟩ ; (Kata Dasar = beda : 다르다 ; 차이가) ; Contoh : Perbedaan pendapat di rapat itu adalah hal biasa. 회의중에 다른 의견을 갖는 것은 흔한 일입니다.

* Jalan pikiran = 사고방법.

* Berbeda-beda = ⟨ber-⟩ 서로 다르다 ; 상이하다 ; (Kata Dasar = beda : 다르다 ; 차이가 있다).

* Baik hati = 마음 / 품성이 좋다.

* Penolong = ⟨pe-⟩ 돕는 사람 ; (Kata Dasar = tolong : 돕다) ; Contoh : Para penolong telah tiba untuk menolong korban bencana alam. 모든 후원자들이 재난의 피해자들을 돕기 위해 왔습니다.

* Pengertian = (상황 등에 대한 개인의) 이해.

* Pemaaf = ⟨pe-⟩ 용서해 주는 사람 ; (Kata Dasar = maaf : 용서) ; Contoh : Memang sulit untuk menjadi orang yang pemaaf. 누구를 용서하는 것은 어려운 일입니다.

* Mata duitan = 돈을 좋아해요.

* Rakus = 욕심이 많다.

* Egois = 이기주의자 ; 자기 본위의 사람.

* Oleh karena itu = 그렇기 때문에 / 그러한 이유로.

* Memperlakukan = ⟨memper-kan⟩ 취급하다 ; 대하다 ; (Kata Dasar = laku : 행동 ; 행위) ; Contoh : Jangan suka memperlakukan orang miskin semena-mena. 가난한 사람들을 나쁘게 대하지 말라.

* Hormat = 존경하다 ; 경외하다.

* Surga ada di telapak kaki ibu = 엄마 품이 천국이다.

◉• Pertanyaan-pertanyaan mengenai bacaan

1. Bagaimana ciri-ciri fisik wanita Indonesia?

2. Wanita Indonesia menurut bacaan menjunjung nilai-nilai apa?

3. Apakah semua wanita Indonesia sempurna? Jelaskan jawaban anda! ^^

4. Apakah semua sifat manusia baik? Jelaskan jawaban anda!

5. Mengapa kita harus memperlakukan wanita dengan hormat dan halus? Jelaskan jawaban anda!

◉• Kosakata

1. Cantik 예쁘다
2. Penampilan 내보임 ; 선보임
3. Langsing 날씬하다
4. Menarik (사랑, 정, 감사하는 감정을) 불러일으키다
5. Memikat 마음을 끌다 ; 유혹하다
6. Mempesona 관심을 끌다
7. Setia (우정, 마음이) 굳다 ; 견고하다
8. Mata duitan 돈을 좋아해요
9. Matre 돈을 좋아해요
10. Pelit 구두쇠

◎ Percakapan(1)

Tina   : Sibuk <u>berdandan</u> nih... (Sambil tersenyum-senyum melihat Young Ji.

Young Ji : Hehe aku ada <u>kencan</u> nanti jam 6.

Tina   : Ooo senangnya. Kencan dengan siapa? Dengan Bambang?

Young Ji : Bukan.

Tina   : Dengan Hermawan.

Young Ji : Kamu nggak tahu siapa dia... hehe.

Tina   : Kok <u>main rahasia</u> begitu? (Cemberut)

Young Ji : Sori Tin. Soalnya kalau aku bilang <u>terus terang</u> nanti kamu tidak setuju.

Tina   : Ya sudah deh yang penting kamu senang.

Young Ji : Doain ya...

Tina   : Oh Young Ji, kalau dia punya teman cowok <u>cakep</u> minta <u>kenalin</u> ke gue ya.

Young Ji : Beres bos.

띠나 : 화장하느라 바쁘네…. (영지를 바라보며 미소지으며)

영지 : 하하, 나 이따 6시에 데이트 있어.

띠나 : 오 재밌겠다. 누구랑 데이트 해?

　　　밤방이랑?

영지 : 아니야.

띠나 : 헤르마완이랑?

영지 : 너는 그가 누군지 몰라…. 하하

띠나 : 왜 그렇게 비밀스러워?(뽀루퉁해짐)

영지 : 미안해 띠나. 만약 내가 말했는데, 나중에 너가 동의하지 않을까봐.

띠나 : 그래 알겠어. 중요한 건 너가 즐거우면 되는거야.

영지 : 기도해 줘.

띠나 : 영지, 만약 그에게 잘생긴 남자 친구가 있으면, 나 소개시켜 줘.

영지 : 명심하겠습니다, 보스.

Young Kwan : Keren..keren. Mau kemana nih Hadi?
Hadi : Beneran nih keren. Jasku bagaimana?
Young Kwan : Rapi kok keren abis deh. Mau kemana?
Hadi : Mau kencan gue dengan Young Ji.
Young Kwan : Haaa (Mata terbelalak karena kaget)
Teman adikmu itu?
Hadi : Ssstt... iya.
Young Kwan : Hebat hebat... kenal darimana? Dari internet ya? Dari klub fitnes kita ya?
Tanya ibu kantin ya?
Hadi : Berisik elo!
Eh Young Kwan, kamu kan orang Korea dan Young Ji juga orang Korea.
Beti tips donk bagaimana ini pendekatannya?
Young Kwan : Hadi, kamu kan buaya jadi sudah ahli.
Hadi : Jangan begitu donk. Aku deg-degan nih. Kayaknya aku benar-benar suka dia.
Young Kwan : Namanya perempuan, mereka suka didengarkan jadi banyak tanya tentang hal yang menarik buat dia.
Hadi : Hmm bagus juga. Terimakasih ya Young Kwan. Doain ya.
Young Kwan : Sip (Sambil menunjukkan ibu jari).

영관 : 놀라워, 멋있어. 하디, 어디 가?

하디 : 진짜 멋있어? 내 자켓 어때?

영관 : 깔끔해 멋있어. 어디 가?

하디 : 영지하고 데이트 해.

영관 : 어머 (놀라서 눈이 휘둥그레짐). 그 네 동생 친구?

하디 : 쉿, 응.

영관 : 대단해, 대단해. 어디서 알게 되었어? 인터넷? 우리 피트니스 클럽? 매점 아주머니
　　　에게 물어봤어?

하디 : 시끄러워! 영관, 너도 한국인이고 영지도 한국인이잖아. 어떻게 가까워질 수 있을지
　　　팁 좀 줘.

영관 : 하디, 넌 바람둥이잖아, 이미 전문가잖아.

하디 : 그러지 마. 나 두근거려. 나 진짜 그녀를 좋아하는 것 같단 말이야.

영관 : 그녀는 여자잖아. 여자들은 들어주는 걸 좋아해. 그러니까 그녀가 흥미로워 할 것에
　　　대해서 많이 질문해.

하디 : 음 좋아. 고마워 영관. 기도해 줘.

영관 : 알겠어.(엄지손가락을 세우며).

◉ Kosakata Percakapan(1)

1. Berdandan 〈ber-〉 화장하다 ; 치장하다 ; 단장하다
2. Kencan 데이트
3. Main rahasia 비밀을 만들다 ; (-에 대해) 비밀로 하다 ; 숨기다
4. Terus terang 솔직히 말하면 ; 정직하게 / 솔직하게 말하다
5. Cakep 멋진, 잘생긴
6. Kenalin 〈-in〉 소개하다

◉ Kosakata Percakapan(2)

1. Keren 멋진
2. Nih 이렇게 (상황에 따라…사투리) ; (다른 사람에게) ~를 줄 때 사용하는 반말
3. Beneran 〈-an〉 진짜 ; 정말
4. Jas 정장
5. Terbelakak 〈ter-〉 너무 충격을 받은 ; 어안이 벙벙한 ; 얼떨떨한 ; 눈이 휘둥그레지다
6. Ibu kantin 매점 아주머니 ; 학교 / 대학교 식당 아주머니
7. Berisik (사람 등이) 시끄러운 ; (장소가) 시끌벅적한
8. Tips 팁, 사례금, 행하
8. Pendekatan 〈pe-an〉접근 ; 교섭하다 ; 다른 사람에 다가감
10. Buaya 악거 ; (숙담 : 플레이보이 ; 교활한 사람) ; 바람둥이 남자
11. Ahli 전문가
12. Deg-degan 〈-an〉두근두근

Pernikahan

Berbagi Cerita

22

1. Ceritakanlah pengalaman anda mengenai resepsi / pesta pernikahan yang anda pernah kunjungi yang paling mengesankan bagi anda?
2. Pernahkah anda membayangkan pesta pernikahan anda di masa depan? Coba ceritakan pesta pernikahan idaman anda? Kalau anda sudah menikah, coba bayangkan pesta pernikahan ke 25 tahun anda.

● Bacaan

Menikah Kapan?

Kata orang, jodoh tidak akan lari kemana-mana, tapi apakah bisa semudah itu? Tentu saja tidak ada orang yang ingin hidup sendiri. Umur 20 tahunan merupakan masa yang penuh gejolak, semangat, dan tanda tanya. Semangat untuk belajar, bekerja, berlomba-lomba untuk menjadi yang terpopuler dan lirik sana sini untuk mencari dambaan hati. Dalam masa penjajakan dengan kekasih apakah hati akan tenang-tenang saja, tentu tidak. Banyak pertanyaan apakah cinta dia sebanding dengan cinta yang anda berikan, apakah dia serius dengan anda, apakah dia hanya mau uang anda, dan sebagainya.

Usia berapa yang merupakan usia ideal untuk menikah? Jawabannya bisa bervariasi, tergantung kota, latar belakang, dan kemantapan seseorang baik dari segi materi maupun mental. Tetapi, sesuatu yang tidak bisa dipungkiri bahwa usia pernikahan di Indonesia semakin lama dibeberapa daerah semakin tua. Dahulu kala, banyak orang menikah usia dini, sekitar

19-23 tahun, tapi sekarang dengan banyaknya tuntutan duniawi. Hanya dengan cinta, tidaklah cukup. Orang-orang berpikir kalau hanya dengan cinta, nanti anaknya di beri makan apa. Tetapi kalau kita tidak mengambil resiko, bagaimana kita bisa tahu. Semua itu dikembalikan lagi kepada keinginan masing-masing. Manusia hanya bisa berusaha dan berdoa.

언제 결혼해요?

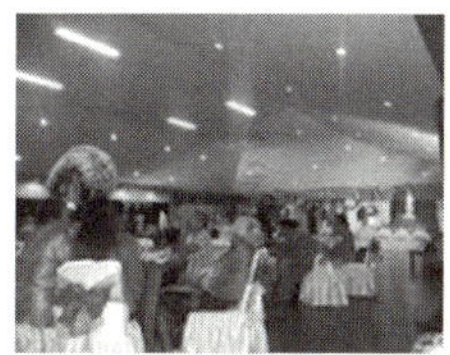

사람들이 말하기를, 배우자가 될 짝은 어디로 도망가지 않을 것이라고 합니다. 하지만, 그렇게 쉬운 것일까요? 혼자 살고 싶어하는 사람은 당연히 없을 것입니다. 20살은 열정, 의욕, 그리고 불확실함으로 가득 찬 시기입니다. 공부와 일을 위해 의욕을 갖고, 가장 인기를 많이 얻기 위해 경쟁을 하며, 애인을 찾기 위해 여기저기 둘러보게 됩니다. 연인과 한참 연애를 진행 중일 때는 마음이 안정적일까요? 물론 아닙니다. 많은 의문점이 있을 것입니다. 그의 사랑이 당신이 주는 사랑에 비례한지, 그가 당신을 진지하게 생각하고 있는지, 그가 당신의 돈과 그런 것들만 원하고 있는 것은 아닌지.

결혼하기에 이상적인 나이는 몇 살 일까요? 그 대답은 도시, 배경, 그리고 물질적 측면 뿐만 아니라 정신적인 측면에서 얼마나 준비되었느냐에 따라 다를 수 있습니다. 하지만 간과할 수 없는 한 가지는 인도네시아의 결혼 적령기가 점점 늦춰지고 있다는 것입니다. 옛날에는, 많은 사람들이 19–23세의 어린 나이에 결혼을 했지만, 지금은 세상의 요구가 많습니다. 오직 사랑만으로는 충분하지 않습니다. 사람들은 나중에 아이에게 무엇을 먹일 것인지 고민합니다. 하지만, 우리가 위험을 감수하지 않는다면, 어떻게 알 수 있을까요. 그 모든 것은 각자의 바람에 달려 있습니다. 인간은 단지 노력하고 기도할 수 밖에 없습니다.

●• Kosakata Bacaan

⊛ Jodoh = 배필 ; 인생의 짝.

⊛ Kemana-mana = 어디나.

⊛ Semudah = 〈se-〉 아주 쉬운 [쉽게] ; (kata Dasar = mudah : 쉽다 ; 용이하다) ;
Contoh : Tidak semudah itu kalau ingin buka usaha. 창업은 쉬운 것이 아닙니다.

⊛ Masa = 시기 ; 때.

⊛ Gejolak = 정열.

⊛ Semangat = 패기.

⊛ Berlomba-lomba = 〈ber-〉 서로 시합하다 ; 서로 경쟁하다 ; (Kata Dasar = lomba : 속도
경기 ; 시합) ; Contoh : Anak-anak kecil berlomba-lomba menghabiskan krupuk. 작
은 아이들은 스낵을 먹기 위해 싸우고 있습니다.

⊛ Terpopuler = 〈ter-〉 가장 인기가 많다 ; 가장 유명하다 ; (Kata Dasar = populer : 인기가
많다 ; 유명하다) ; Contoh : Diantara anggota grup band itu si Lili yang paling
terpopuler. 밴드 그룹 멤버들 중에서, 릴리가 가장 인기 있습니다.

⊛ Lirik = 좌우로 훔쳐보다.

⊛ Sana sini = 여기 저기.

⊛ Dambaan hati = 자식 ; 애인.

⊛ Penjajakan = 〈pe-〉 추정 ; 조사 ; (Kata Dasar = jajak : 조사하다).

⊛ Sebanding = 〈se-〉 필적하다 ; (Kata Dasar = banding : 비교 ; 필적) ; Contoh :
Pengeluarannya tidak sebanding dengan pendapatan. 그의 소비는 소득에 비교할 수
없을 정도입니다.

⊛ Bervariasi = 〈ber-〉 변화하다 ; 변이형을 갖다 ; (Kata Dasar = variasi : 변화 ; 변동).

☀ Tergantung = 〈ter-〉 매달려 있다 ; 걸려있다 ; (Kata Dasar = gantung : 매달려 있다) ; Contoh : Dia memang tidak bisa apa-apa, semua tergantung ibunya. 그는 정말로 아무것도 할 수 없습니다. 모든 것을 그의 엄마에게 의존합니다.

☀ Latar belakang = 배경 ; 동기.

☀ Kemantapan = 〈ke-an〉 견고 ; 안정 ; (Kata Dasar = mantap : 단호하다 ; 결연하다) ; Contoh : Coba masakan baru itu, rasanya mantap! 새로운 요리를 해봤어, 맛이 끝내주는데!!

☀ Segi = 관점 ; 측면.

☀ Materi = 물질.

☀ Mental = 정신적인 ; 마음의.

☀ Dipungkiri = 〈-i〉 볼복종되다 ; 부정되다 ; (Kata Dasar = pungkir : 볼복종하다 ; 부정하다).

☀ Tuntutan = 〈-an〉 강력한 요구 / 요청 ; 추구 / 연구 행위 ; (Kata Dasar = tuntut : 요구하다 ; 요청하다).

☀ Duniawi = 〈-i〉 지구의 ; 지상의 ; (Kata Dasar = dunia : 세계 ; 지구).

☀ Resiko = 리스크 ; 위험.

☀ Berusaha = 〈ber-〉 노력하다 ; 진력하다 ; (Kata Dasar = usaha : 노력 ; 진력) ; Contoh : Percobaannya terus menerus gagal tetapi ia terus berusaha. 그는 항상 실패해 왔으나, 그는 항상 시도하였다.

☀ Berdoa = 〈ber-〉 기도하다 ; 빌다 ; (Kata Dasar = doa : 기도 ; 빌기).

◉ Pertanyaan-pertanyaan mengenai bacaan

1. Bagaimana masa 20 tahunan?

2. Berapa usia ideal untuk menikah?

3. Mengapa kita harus mantap baik segi mental maupun keuangan sebelum menikah?

4. Apakah mudah mencari dambaan hati?

5. Berapa usia ideal menurut anda untuk menikah?

◉ Kosakata

1. Pengantin 신랑 혹은 신부

2. Pesta pernikahan 결혼식

3. Tamu 손님

4. Hari permikahan 결혼날

5. Akad permikahan 결혼 약속 ; 약혼

Di resepsi pernikahan

Tae Hoon : Kita boleh duduk disini?

Deni : Sepertinya boleh.

Tae Hoon : Waahhh ada pertunjukkan segala ya.

(Suara gamelan dan tari-tarian).

Deni : Oh disini seperti itu Tae Hoon.

Menu makanannya prasmanan dan ada pertunjukkannya. Kadang-kadang ada pidato juga untuk kerabat dan teman yang ingin pidato untuk mengucapkan selamat.

Tae Hoon : Deni, apa semua resepsi pernikahan di Indonesia seperti ini.

Deni : Tidak, ada bermacam-macam kok karena Indonesia kan terdiri dari berbagai suku, ras, dan agama.

결혼 리셉션에서

태훈 : 우리 여기 앉아도 돼?

데니 : 그런 것 같은데.

태훈 : 와, 모두 공연이구나.(가믈랑 소리와 춤 소리)

데니 : 여기는 그런 장소에요 태훈씨.. 음식 메뉴는 뷔페고 공연도 있고. 가끔 축하를 표현 하기 위한 친구 그리고 친척의 축하말이 있기도 해.

태훈 : 데니, 인도네시아의 모든 결혼 리셉션은 이렇게 해?

데니 : 아니, 여러 종류가 있어. 인도네시아는 다양한 종족과 인종, 종교로 구성돼 있잖아.

◉• Kosakata Percakapan

1. Sepertinya boleh 아마도 괜찮아 ; 아마도 가능합니다 ; 가능한 것 같다 ; 허용되나 보다
2. Gamelan 인도네시아 전통 악기 ; 자바, 발리, 순다 등의 고유 관현악기
3. Prasmanan 뷔페 ; 뷔페 스타일 음식으로의 식사 접대
4. Kerabat 친척 ; 인척
5. Resepsi 수신 ; (호텔 등의) 접수처 ; 리셉션, 환영 연회

Berbagi Cerita

1. Seberapa sering anda pergi ke salon? Biasanya anda ke salon untuk apa?
2. Apa yang lain penting dari suatu salon? (Tempat, pelayanan, harga)

◉ Bacaan

Kecantikan tentunya merupakan hal yang paling penting baik wanita maupun pria, baik muda maupun tua. Anda pasti kenal dengan ungkapan 'Rambut adalah mahkota wanita' , rambut adalah salah satu bagian tubuh yang penting. Kesehatan rambut merupakan faktor utama yang membuat mahkota wanita ini awet dan terpelihara. Sementara itu, gaya dan warna rambut akan menambah kepercayaan diri.

Kebutuhan ini membuat salon-salon kecantikan bermunculan dimana-mana di seluruh pelosok Indonesia. Tidak hanya di sekitar daerah perumahan atau universitas, tetapi juga di daerah perkantoran dan mal. Harga pelayanan dan perawatan salon berlainan, tergantung dari lokasi dan ketenaran salon itu sendiri. Jenis perawatan juga mempengaruhi biaya yang dikeluarkan pengunjung.

Biaya cuci rambut, potong rambut, *dry*, diblow, dan lainnya dipisah-pisah. Semakin banyak tipe perawatan yang anda inginkan semakin melambung harga yang harus anda bayar. Jadi, misalnya anda datang dengan keadaan rambut setengah kering dan menginginkan rambut lebih pendek yang baru, berarti dalam keadaan seperti ini anda tidak perlu cuci rambut yang mana berarti anda bisa memotong pengeluaran cuci rambut. Begitu pula dengan *dry* dan *blow*. Jika anda ingin lebih menghemat lagi, anda bisa mengabaikan kedua servis ini dan mengeringkan rambut di rumah.

Yang unik dari salon-salon kecantikan di Indonesia adalah *creambath*. *Creambath* adalah perawatan dengan mengoleskan krim ke rambut anda dengan cara memijat kepala anda. Cara ini dilakukan supaya krim istimewa ini meresap ke akar-akar rambut anda dan kulit kepala anda yang mana khasiatnya adalah untuk membuat akar rambut anda kuat dan rambut halus seperti sutra. Jenis-jenis *creambath* ini bermacam-macam, tergantung manfaat dan bahan-bahan yang digunakan. Ada *creambath* lidah buaya, *creambath* pepaya, *creambath* mangga, dan lainnya. Jika anda pergi ke Indonesia, mampirlah ke salon kecantikan dan cobalah *creambath*. Pijatan di kepala dan pundak akan membuat stres dan penat anda hilang, rambut sehat, lembut berkilauan, dan anda akan merasa seperti bintang film.

아름다움은 남녀노소를 막론하고 가장 중요한 사항이다. 당신은 '머리카락은 여성의 왕관이다' 라는 말을 분명 들어본 적 있을 것이다. 머리카락은 중요한 신체 일부분 중 하나이다. 머리카락의 건강은 이 여성의 왕관을 튼튼하고 건강하게 만드는 중요한 요소이다. 동시에 머리의 스타일과 색상은 자신감을 더할 수 있다.

이러한 필요는 인도네시아 모든 구석구석에 미용실들이 생기도록 만들었다. 주택단지 혹은 대학교 지역 주위뿐만 아니라, 사무실과 쇼핑몰 지역에서도 찾아볼 수 있다. 미용실의 서비스와 관리 가격은 그 미용실의 지역과 유명세에 따라 다르다. 관리 종류 또한 고객이 지불하는 비용에 영향을 미친다.

머리 샴푸 비용, 커트비용, 드라이비용, 머리 말려주는 비용 그리고 기타 등등이 모두 분리되어 있다. 당신이 원하는 관리 타입이 많아질수록, 당신이 지불해야 하는 가격은 올라간다. 그래서, 예를 들면 당신이 반쯤 말린 머리카락 상태로 와서, 새롭게 더 짧게 컷트하고 싶다면, 이 상황에서 당신은 샴푸를 할 필요가 없으며, 이는 즉 머리 감는 비용을 절감할 수 있음을 의미한다. 드라이와 머리 말려주는 비용 또한 역시 그러하다. 당신이 더 비용을 아끼고 싶다면, 당신은 이 두 서비스를 무시할 수 있으며, 집에서 머리카락을 말리면 된다.

인도네시아 미용실에서의 독특한 것은 바로 크림베스이다. 크림베스는 당신의 두피를 마사지 하는 방식으로 머리카락에 크림을 발라 관리하는 것을 말한다. 이 특별한 크림이 당신의 머리카락 뿌리 속과 두피로 스며들도록 하는 방법으로 당신의 머리카락이 건강하고 실크처럼 부드럽게 만들어주는 특징을 가진다. 이 크림베스 종류는 다양하며, 효능과 사용되는 재료에 따라서 달라진다. 백합 크림베스, 파파야 크림베스, 망가 크림베스 그리고 기타 등등이 있다. 당신이 인도네시아로 간다면, 미용실에 들러서 크림베스를 시도해라. 머리와 어깨 마사지는 당신의 피로와 스트레스가 사라지도록 할 것이며, 머리카락을 건강하고 윤기가 나며 그리고 당신이 마치 영화배우가 된 것처럼 느끼도록 만들어 줄 것이다.

Kosakata Bacaan

⊛ Kecantikan = 〈ke-an〉미 ; 아름다움 ; (Kata Dasar = cantik : 예쁜 ; 아름다운) ; Contoh : Semua wanita tentunya ingin kecantikannya abadi. 모든 여성들은 당연히 이뻐지고 싶어한다.

⊛ Ungkapan = 〈-an〉 표현 ; 설명 ; (Kata Dasar = ungkap : 열다 ; 들추다).

⊛ Mahkota = 왕관.

⊛ Faktor = 요인 ; 인자 ; 요소.

⊛ Utama = 가장 좋은 ; 주요한.

⊛ Awet = 오래 견디는.

⊛ Terpelihara = 〈ter-〉 잘 지켜진 ; 보호된 ; (Kata Dasar = pelihara : 지키다 ; 돌보다) ; Contoh : Daerah-daerah wisata di kota ini sangat terpelihara. 이 도시의 여행리조트 는 잘 유지되어 있다.

⊛ Menambah = 〈me-〉 더하다 ; 가산하다 ; 늘리다 ; (Kata Dasar = tambah : 증가 ; 증 액 ; 첨가) ; Contoh : Kurangnya jumlah lapangan kerja menambah pengangguran. 일이 없기 때문에, 실업자의 수가 증가되었다.

⊛ Kepercayaan diri = 〈ke-an〉 믿음 ; 신뢰 ; 확신 ; (Kata Dasar = percaya : 믿다 ; 신뢰 하다) ; Contoh : Mempunyai kepercayaan diri itu penting. 자신감은 매우 중요하다.

⊛ Pelosok = 오지 ; 외딴곳.

⊛ Perumahan = 〈per-an〉 주택가 ; 주택공급 ; (Kata Dasar = rumah : 집).

⊛ Perkantoran = 〈per-an〉 사무실과 관련된 일 ; (Kata Dasar = kantor : 사무실).

⊛ Berlainan = 〈ber-〉 ; (Kata Dasar = lain : 다른) ; Contoh : Cara pandang Molia dengan orang tuanya sangat berlainan. 몰리아가 물체를 보는 방법들은 그녀의 부모님과 다릅니다. 그녀의 관점은 그녀의 부모님과 다릅니다.

- ㉱ Ketenaran = 〈ke-an〉; (Kata Dasar = tenar : 유명한 ; 저명한) ; Contoh : Ketenarannya membuat orangtuanya bangga. 그의 인기는 그의 부모님을 자랑스럽게 만들었다.

- ㉱ Mempengaruhi = 〈me-i〉; (Kata Dasar = pengaruh : 영향 ; 세력 ; 작용) ; Contoh : Pelopor demonstrasi itu berhasil mempengaruhi pemikiran para mahasiswa untuk menentang peraturan. 시위의 우두머리는 성공적으로 대학생들이 법들에 반하도록 영향을 미쳤다.

- ㉱ Dipisah-pisah = 〈di-〉; (Kata Dasar = pisah : 헤어진 ; 잘라진).

- ㉱ Melambung = 〈me-〉; (Kata Dasar = lambung : 심볼 ; 상징) ; Contoh : Harga kebutuhan pokok melambung tinggi dikarenakan krisis bensin. 휘발유 위기로 기초 생필품의 가격이 오르고 있다.

- ㉱ Memotong = 〈me-〉 자르다 ; 조각내다 ; (Kata Dasar = potong : 조각 ; 일부분) ; Contoh : Untuk menghemat biaya operasi pabrik, bos yang jahat itu memotong beberapa pekerja yang sudah tua. 운영 비용을 줄이기 위해, 우리의 잔인한 사장님은 몇 몇의 오래된 근로자들을 해고했다.

- ㉱ Pengeluaran = 〈pe-an〉 발행 ; (Kata Dasar = keluar : 밖으로 나가다 ; 탄생하다) ; Contoh : Kita harus menghemat bulan depan, bulan ini pengeluaran kita banyak sekali. 우리는 돈을 좀 저금해야 됩니다, 이번 달에 돈을 많이 썼거든요.

- ㉱ Menghemat = 〈me-〉 −을 절약하여 ; (Kata Dasar = hemat : 돈 쓰는데 주의하는 ; 절약하는) ; Contoh : Sejak kecil saya diajar untuk menghemat. 제가 아이일 때부터 소비의 조심성에 대해 교육을 받았습니다.

- ㉱ Mengabaikan = 〈me-an〉 무시하다 ; (Kata Dasar = abai : 무시하다) ; Contoh : Abaikan saja perkataannya. 그가 뭐라하던 그냥 무시하세요.

- ㉱ Creambath = 머리카락 관리 (인도네시아 스타일).

- ㉱ Mengoleskan = 〈me-an〉 바르다 ; (Kata Dasar = oles : 바르다) ; Contoh : Oleskan salep ini ke lukamu. 이 연고를 당신의 상처에 바르세요.

◉ Memijat = 〈me-〉 마사지하다 ; (Kata Dasar = pijat : 마사지 ; 안마) : Contoh : Saya sedang memijat pundak nenek. 할머니의 어깨를 마사지를 해드리는 중이다.

◉ Meresap = 〈me-〉 흡수하다 ; 흡착하다 ; (Kata Dasar = resap : 흡수하다 ; 흡착하다) ; Contoh : Noda ini susah dihilangkan karena sudah meresap lekat di baju. 옷감에 얼룩이 섞여 버려서 이 얼룩을 제거하는 것을 매우 힘듭니다.

◉ Khasiat = 특효 ; 특성.

◉ Sutra = 실크.

◉ Manfaat = 유용 ; 효용.

◉ Bahan = 물질 ; 재료..

◉ Lidah buaya = 알로에.

◉ Mampirlah = 〈-lah〉 놀러 오세요.

◉ Cobalah = 〈-lah〉 해보세요.

◉ Pijatan = 안마 ; 누름.

◉ Pundak = 어깨.

◉ Penat = 피곤한 ; 지친.

◉ Berkilauan = 〈ber-an〉 (Kata Dasar = kilau : 반짝) ; Contoh : Cincin emasnya berkilauan. 그의 금반지는 반짝거린다.

◉ Bintang film = 영화배우.

1. Apa arti 'Rambut adalah mahkota wanita"?
2. Bagaimanakah bisnis salon kecantikan di Indonesia? Jelaskan jawaban anda!
3. Faktor-faktor apa saja yang mempengaruhi sistem harga salon kecantikan?
4. Apa itu *creambath*? Dan apa manfaatnya?
5. Inginkah anda mencoba *creambath*?

◉ **Kosakata**

1. Salon 방 ; 실	8. Keringkan 드라이
2. Keramas 샴푸로 머리를 감다	9. Kependekan 〈ke-an〉 약어 ; 축어 ;
3. Potong 자르다	(Kata Dasar pendek : 짧은 ; 작은 ; 잠
4. Keriting 고수머리의	시)
5. Warnai 〈-i〉 −에 색을 칠하다	10. Kupon 쿠폰
6. Cuci rambut 머리를 감다	11. Spray 헤어 스프레이
7. Blow 드라이	

◉ Percakapan

Wenny	: Mbak, pernah melayani tamu Korea nggak?
Pekerja Salon	: Wah kalo tamu Korea saya belum pernah, tapi Taiwan sering.
Young Hwa	: Hahha..tenang aja. Mbak, ada buku contoh model?
Pekerja Salon	: Ada. Sebentar ya. Ini bukunya.
Young Hwa	: Yang ini lumayan. (Sambil menunjuk model) Tapi mbak tolong jangan terlalu pendek ya.
Pekerja Salon	: Ya.
Wenny	: Beres Young Hwa. Ini salon terkenal jadi tidak pernah salah potong ^^.

웨   니 : 아가씨, 한국 손님 맞아본 적 있어요, 없어요?

미용실 직원 : 와, 전 한국 손님은 맞아본 적 없어요, 하지만 대만 손님은 자주 맞아요.

영   화 : 하하, 괜찮아요. 아가씨, 모델 표본 책 있어요?

미용실 직원 : 있어요, 잠시만요. 여기 책이에요.

영   화 : 이게 무난하네요(모델을 가르키면서). 하지만 아가씨, 너무 짧게는 자르지 말 아주세요.

미용실 직원 : 네.

웨   니 : 끝났어요 영화. 여긴 유명한 미용실이라 잘 못 자른 적이 없어요^^

24

Berbagi Cerita

1. Pernahkah anda tinggal di kost? Kalau 'Iya' berapa lama anda tinggal di kost?
2. Bisakah anda tinggal bersama orang lain?
3. Coba ceritakan pengalaman anda berbagi rumah, apartemen, ataupun kamar dengan orang lain?
4. Jika anda kaya, tempat tinggal bagaimanakah yang anda ingin tempati?

◉• Bacaan

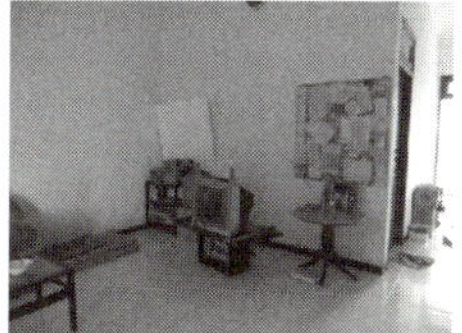

Rumahku Istanaku

'Rumahku Istanaku' atau ada istilah lain yang sangat terkenal yaitu *'Home Sweet Home'*. Kedua istilah ini memiliki satu makna bahwa tiada tempat senyaman rumah anda sendiri, kemana pun anda pergi meskipun tinggal di hotel mewah ada kalanya anda akan rindu atau pun terkenang-kenang rumah anda. Meskipun rumah anda mungkin kurang begitu besar, mewah, dan nyaman bagi orang lain, tetapi rumah anda merupakan tempat berteduh yang nyaman bagi anda.

Maka dari itu orang-orang pun gemar menghiasi rumah, dengan perabotan, lukisan, piagam atau pun piala untuk menunjukan prestasi-prestasi membanggakan yang pernah diraih, tanaman, dan akuarium. Bahkan tak jarang pula orang-orang membongkar dan merenovasi sebagian atau pun seluruh rumahnya demi kenyamanan. Selain hal ini menjadi suatu hobi, hal ini menunjukan cinta pemilik rumah terhadap rumahnya.

Anda pasti tahu Jakarta, bukan? Ibukota Indonesia. Harga tempat tinggal di Jakarta cukup tinggi. Untuk ukuran apartemen mewah untuk orang asing mencapai 20-30 juta rupiah, tentu saja dengan berbagai fasilitas seperti kolam renang, tempat *fitness, internet, TV cable*, AC, air panas, perabotan dan keamanan 24 jam. Untuk tempat kost berukuran 5x6 meter atau 4x6 meter, tergantung berapa orang yang akan menempati, daerah dan fasilitas harga kost per bulan sekitar 3 sampai 4 juta rupiah. Semakin kecil ukuran kamarnya harga kost pun semakin murah. Ada kost dimana kamar mandi dan dapur ada diluar. Model tempat kost ini hampir sama dengan 하숙집 di Korea, tetapi lebih memiliki banyak kamar (>10 kamar).

Mencari tempat tinggal memanglah tidak mudah, diperlukan waktu, tenaga, dan uang untuk mencari tempat tinggal yang cocok. Terlebih lagi mencari uang tidak mudah. 'Uang tidak tumbuh di pohon', maka dari itu mulailah menabung untuk mempersiapkan rumah masa depan anda, 'rumahku istanaku'.

나의 집 나의 궁전 ||||||

'나의 집 나의 궁전' 혹은 'Home Sweet Home'이라고 매우 잘 알려진 표현이 있다. 두 표현은 당신의 집만큼 편한 곳은 없다라는 의미를 가지고 있습니다. 당신이 어디를 가든 심지어 화려한 호텔에 머물지라도 부족한 점이 있습니다. 당신의 집을 그리워 하거나 생각나게 될 것입니다. 당신의 집이 그다지 크지 않고, 화려하지 않고, 다른 사람에게 편하지 않을지라도, 당신의 집은 당신에게 있어서 편안한 안식처 입니다.

그렇기 때문에, 사람들은 가구, 그림, 달성한 적이 있는 자랑스러운 업적을 보여주는 상장 혹은 트로피, 그리고 식물과 수족관으로 집 꾸미기를 좋아하는 것입니다. 게다가, 편안함을 위하여 집의 일부분 혹은 전체를 헐거나 개조하는 사람들도 드물지 않습니다. 이 외에도, 하나의 취미가 되었듯이, 이것은 자신의 집에 대한 소유주의 애정을 보여주는 것입니다.

당신은 자카르타를 분명 알고 있을 것입니다, 그렇지 않습니까? 인도네시아의 수도입니다. 자카르타의 주거비용은 꽤 비쌉니다. 외국인용 화려한 아파트 크기는 2~3천만 루피아에 달합니다. 물론 수영장, 휘트니스, 인터넷, TV 케이블, 에어컨, 온수, 가구, 그리고 24시간 경비 등 여러 가지 시설이 포함된 것입니다. 5×6 혹은 4×6 사이즈의 자취방의 경우, 몇 명이 살 것인지, 지역, 그리고 시설에 따라 다르지만, 한 달 가격은 대략 3~4백만 루피아입니다. 방의 크기가 작을수록, 자취방의 가격도 저렴해집니다. 욕실과 주방이 밖에 있는 하숙집이 있습니다. 이 자취방의 모습은 한국의 하숙집과 거의 같습니다. 그러나 방은 더 많습니다. (방 10개 이상)

적당한 거주 공간을 찾는 것은 당연히 쉽지 않고, 시간과 힘, 그리고 돈을 필요로 합니다. 게다가, 돈을 구하는 것은 쉽지 않습니다. '돈은 나무에서 자라지 않는다', 그러므로 당신은 미래의 '나의 집 나의 궁전'을 준비하기 위해 저축을 시작해야 합니다.

◉ Kosakata Bacaan

- ㉜ 'Rumahku Istanaku' = 즐거운 우리 집.

- ㉜ Istilah = 전문용어.

- ㉜ Makna = 의미 ; 뜻.

- ㉜ Bahwa = 목적 혹은 보어절을 이끄는 접속사.

- ㉜ Senyaman = ～만큼 편하다.

- ㉜ Ada kalanya = 가끔.

- ㉜ Terkenang-kenang = 〈ter-〉 항상 뭔가를 불현듯 떠올리다 ; (Kata Dasar = kenang : 회상하다 ; 떠올리다) ; Contoh : Gadis itu selalu terkenang-kenang mantan pacarnya yang tewas dalam perang. 저 여자는 전쟁에서 죽은 그녀의 전 남자 친구를 항상 떠올렸다.

- ㉜ Mewah = 사치스럽다 ; 호화스럽다.

- ㉜ Nyaman = 신선하다 ; 즐겁다.

- ㉜ Tempat berteduh = 〈ber-〉 → (비, 햇빛을) 피하는 곳 ; (Kata Dasar = teduh : 그늘지다) ; Contoh : Karena rumahnya hanyut karena banjir, ia sedang mencari tempat untuk berteduh. 그녀의 집이 홍수로 사라졌기 때문에 그녀는 피신처를 찾고 있다,

- ㉜ Gemar = 좋아하다.

- ㉜ Perabotan = 용구 ; 기구 ; 부품.

- ㉜ Piagam = (돌, 금속 등에 새긴) 문서.

- ㉜ Piala = 우승컵.

- ㉜ Prestasi = 달성 ; 성과.

- ㉜ Akuarium = 수족관.

🐦 Membongkar = 〈me-〉 들어 올리다 ; (Kata Dasar = bongkar : 올리고 내리다 ; 옮기다) ; Contoh : Pak Direktur membongkar kembali rencana yang telah disusunnya 3 bulan yang lalu. 감독은 그가 세 달전에 계획했던 그의 스케줄을 변경했다.

🐦 Merenovasi = 〈me-〉 수리하다 ; 수선하다 ; (Kata Dasar = renovasi : 쇄신 ; 혁신) ; Contoh : Dia sedang merenovasi halaman belakang rumahnya. 그녀는 그녀의 뒷마당을 개조하는 중이다.

🐦 Berbagai = 〈ber-〉 여러 가지의 ; 가지각색의 ; (Kata Dasar = bagai : 종류 ; 유형) (Kata Lain = bermacam-macam, beraneka ragam) ; Contoh : Berbagai usaha dicoba olehnya, akhirnya berhasil juga. 모든 재판들은 그에 의해 마무리 되어졌고, 마침내 그는 해냈다.

🐦 Tergantung = 〈ter-〉 매달려 있다 ; 걸려있다 ; (Kata Dasar = gantung : 매달려 있다) ; Contoh : Semua itu tergantung selera, kalau cocok dengan kamu beli saja. 그것이 사기에 알맞는지는 당신의 미각에 달렸습니다.

🐦 Menempati = 〈me-i〉 이사를 가다 ; (Kata Dasar = tempat : 장소 ; 곳) ; Contoh : Sudah ada orang yang menempati kamar itu. 이미 다른 사람이 그방에 머물고 있습니다.

🐦 Cocok = 적합하다 ; 알맞다.

🐦 'Uang tidak tumbuh di pohon' = 돈은 나무에서 자라지 않는다.

● Pertanyaan-pertanyaan mengenai bacaan

1. Apa arti istilah 'Rumahku Istanaku'?

2. Dengan apa orang-orang biasa menghiasi rumahnya?

3. Bagaimana harga apartemen di Jakarta?

4. Tolong sebutkan tipe-tipe tempat kost yang disebutkan di dalam bacaan?

5. Apa saja yang dibutuhkan untuk mewujudkan tempat tinggal impian anda?

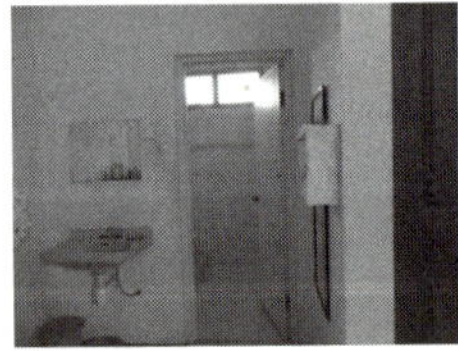

● Kosakata

1. Betah / kerasan 살기 편안하다 ; 아늑하다
2. Kamar mandi 화장실
3. Tempat tidur 침대
4. Lemari pakaian 옷장
5. Meja belajar 책상
6. Rak buku 책장
7. Cuci pakaian 빨래하다
8. Gosok pakaian 다림질을 하다
9. Seterika 다리미
10. Pembantu 가정부
11. Ruang tamu 거실
12. Halaman depan 집 앞마당

Sedang melihat-lihat tempat kost

Ibu Kost : Nah... ini kamar yang masih kosong. Luas kan? ^^ Sejuk disini
dik karena dekat balkoni. Kalau hujan juga tidak bocor dan di
daerah sini tidak ada banjir.

Tae Hee : Gimana menurutmu, Den?

Deni : Ibu, disini bagaimana keamanannya dan setrika bagaimana?

Ibu Kost : Disini aman dik. Adik lihat di seberang situ. Itu ada pos
kampling. Jadi didaerah sini memang aman dan banyak restoran
dan warung-warung yang enak-enak dan murah-murah.

Tae Hee : Maaf Bu. Mengenai setrikanya?

Ibu Kost : Oh disini ada pembantu jadi adik tenang saja. Mulai dari
bersih-bersih kamar, cuci pakaian, dan setrika sampai
memasak bisa minta tolong pembantu. Tapi adik harus tahu
sendiri kalau pembantunya capek ya jangan dipaksain.
Kadang-kadang beri tip juga bagus.

Tae Hee : Rasanya seperti raja.
(Semua tertawa... hahaha)

Tae Hee : Sistem pembayarannya bagaimana?

Ibu Kost : Deni. ini sering mengenalkan tante kepada anak-anak kost yang
lain. Jadi saya utang budi. Adik Tae Hee boleh membayar kost
perbulan sekitar tanggal 1 sampai tanggal 5 kalau belum mendapat
kiriman dari Korea bisa diundur, Tante bisa mengerti kok.

Tae Hee : Terimakasih Tante. Sepertinya saya ingin segera pindah ke
kamar ini hari ini.

Ibu Kost : Boleh... boleh

Tae Hee : Terimakasih Deni

Deni : Tidak apa-apa Tae Hee. Selamat ya. Ayo mulai pindah-
pindah...

Tae Hee : Ayo...

꼬스(하숙집) 장소를 둘러보고 있음

꼬스 아주머니 : 자, 이게 아직 비어있는 방이에요. 넓지 않아요? 여기는 베란다와 가까워서 시원해요. 비가 와도 새지 않고, 그리고 이 지역은 홍수도 없어요.

태　　　희 : 네 생각에는 어때, 데니?

데　　　니 : 아주머니, 여기 안전은 어떻고, 그리고 다림질은 어떻게 해요?

꼬스 아주머니 : 여기 안전해요. 저기 건너편을 봐요. 저기 지구대가 있어요. 그래서 여기 지역은 당연히 안전하고, 그리고 맛있고 저렴한 와룽과 레스토랑이 많이 있어요.

태　　　희 : 죄송한데요 아주머니, 다림질에 대해서는요?

꼬스 아주머니 : 아, 여기에는 가정부가 있으니까 염려하지 말아요. 방 청소부터 시작해서, 옷 세탁, 다림질, 요리까지 가정부에게 도움을 요청할 수 있어요. 하지만 가정부가 피곤할 경우에는 강요하진 말아야 한다는 걸 알고 있어야 해요. 가끔 팁을 주면 좋고요.

태　　　희 : 왕같이 느껴지는데.(모두 웃음…. 하하하)

태　　　희 : 지불 방법은 어떻게 되요?

꼬스 아주머니 : 데니가 아줌마에게 다른 꼬스 아이들 자주 소개해 주셔서 내가 고맙지. 그래서 태희는 매달 1일부터 5일까지 꼬스비를 지불하면 되요. 만약 한국에서 돈 송금을 아직 받지 않아서, 지연된다면 아줌마는 이해할 수 있어요.

태　　　희 : 감사합니다 아주머니. 저 오늘 이 방으로 빨리 옮길 것 같은데요.

꼬스 아주머니 : 가능해, 가능해요.

태　　　희 : 고마워 데니.

데　　　니 : 괜찮아 태희. 축하해. 자, 이사 시작하자.

태　　　희 : 자….

1. Dik = (adik) 상황에 따라 다르다 (남통생 ; 학생) ; 동생 ; 동생 뻘의 일반 아랫사람을 부르는 호칭
2. Balkoni = 베란다 ; 발코니
3. Bocor = 새다 ; 구멍이 나서 물, 공기 등이 새다
4. Gimana = 어때요 ; 어떻게
5. Di seberang = 건너편에 있다 ; 건너편에 ; 앞쪽에
6. Pos Kampling = 지구대 ; 야경꾼의 초소
7. Enak-enak = 맛있는 음식 ; 여러 가지 맛있는 것이 있다
8. Murah-murah = 여러 가지 싼 것이 있다 ; 싼 물건이 많다
9. Mengenai = 뭐에 대해 ; −에 관해 ; −에 대한
10. Bersih-bersih kamar = 방 청소하다
11. Dipaksain = −을 / 를 강요하다 ; 강요되다 ; 강제로 되다
12. Tip = 팁, 사례금
13. Sistem = 체계 ; 시스템
14. Tante = 아주머니 ; 아버지나 어머니의 손아래 혹은 손위 여성에 대한 호칭 ; 중년 여성을 부르는 호칭
15. Utang budi = 누구에게서 도움을 받으면 다음에 도와주어야겠다는 마음을 가지고 있는 것 ; 신세 ; 은혜
16. Diundur = 연기되다 ; 정해진 기한이 뒤로 물려져서 늘어나다 ; 미루다
17. Sistem = 체제 ; 체계 ; 시스템
18. Tante = 아버지나 어머니의 손아래 혹은 손위 여성에 대한 호칭 ; 중년 여성을 부르는 호칭
19. Utangbudi = 신세 ; 은혜
20. Diundur = 연기되다 ; 정해진 기한이 뒤로 물려져서 늘어나다

Kolam Renang

Berbagi Cerita

1. Seringkah anda berenang?
2. Pernahkah anda berenang di pantai, sungai, atau danau?

◉ Bacaan

Indonesia, negara tropis dengan 2 musimnya : musim panas dan musim hujan. Masing-masing musim mempunyai periode selama 6 bulan. Di musim hujan pun matahari kadang-kadang terbit menemani kita melakukan aktivitas. Karena 2 musimnya ini, berenang menjadi salah satu olahraga populer di Indonesia.

Orang Indonesia tidak hanya berenang di kolam renang. Anak-anak dusun suka berenang di sungai, anak-anak pantai sampai orang dewasa suka berenang baik di pantai maupun danau. Kolam renang di Indonesia ada 2 jenis : ada kolam renang dalam maupun kolam renang terbuka alias di luar gedung. Jika anda berenang di Indonesia, anda tidak diharuskan untuk memakai topi renang ataupun kacamata renang. Jika anda merasa memerlukan perlengkapan berenang ini, silahkan anda memakainya tetapi jika tidak pun tidak apa-apa. Hal ini mungkin dikarenakan selain dianggap sebagai olahraga, berenang bagi orang Indonesia umumnya adalah suatu kesempatan untuk bersantai, bertemu teman, sanak saudara maupun pacar.

인도네시아는 두 계절(건기와 우기)을 가지고 있는 열대국가이다. 각 계절은 6개월이다. 우기에도 태양은 우리가 활동을 할 수 있도록 모습을 가끔 드러낸다. 이 두 계절 때문에, 수영은 인도네시아에서 대중적인 운동 중 하나가 되었다.

인도네시아 사람들은 수영장에서만 수영을 하는 것이 아니다. 시골의 아이들은 강에서의 수영을 즐기며, 아이에서 어른까지 해변뿐만 아니라 호수에서 수영하는 것도 좋아한다. 인도네시아의 수영장에는 두 종류가 있다 : 실내 수영장과 건물 밖의 개방 수영장이다. 당신이 인도네시아에서 수영을 할 경우, 당신은 수영모자 혹은 수경 착용이 반드시 필요하지는 않다. 당신이 이 수영 장비가 필요하다고 여겨지면, 착용해도 된다. 하지만 그렇지 않다면, 상관없다. 이는 아마도 수영이 인도네시아 사람들에게는 운동이라고 여겨지기 보다는, 쉼을 얻고 친구, 친척 혹은 애인을 만나는 어떠한 기회로 여겨지기 때문인 것 같다.

◉• Kosakata Bacaan

🈐 Tropis = 열대 ; 적도를 중심으로 남북 회귀선 사이에 있는 지대.

🈐 Musim = 계절 ; 규칙적으로 되풀이되는 자연 현상에 따라서 일 년을 구분한 것.

🈐 Terbit = 떠오르다 ; 뜨다.

🈐 Aktivitas = 활동 ; 어떤 일의 성과를 거두기 위하여 힘 씀.

🈐 Populer = 인기가 많다 ; 유명하다.

🈐 Dusun = 마을 ; 주로 시골에서, 여러 집이 모여 사는 곳.

🈐 Alias = 별명 ; 사람의 외모나 성격 따위의 특징을 바탕으로 남들이 지어 부르는 이름.

🈐 Perlengkapan = 〈pe-an〉 장비 ; (Kata Dasar = lengkap : 완벽하다 ; 완전하다) ; Contoh : Kalau dokumen-dokumen yang dibutuhkan sudah lengkap, kami baru bisa mengajukannya ke bagian administrasi. 만약 요청한 모든 서류들을 완료하였으면, 그 후 우리가 행정과로 제출할 수 있습니다.

🈐 Selain = ～이외에.

🈐 Bersantai = 〈ber-〉 ; (Kata Dasar = santai : 휴식을 취하다 ; 한가한 느낌이 있다) ; Contoh : Dia suka bersantai-santai dibawah pohon. 그는 나무 밑에서 쉬는 것을 정말로 즐겨한다..

1. Ada berapa musim di Indonesia? Sebutkan namanya dan berapa lama masanya?
2. Apakah orang Indonesia suka berenang? Jelaskan!
3. Bagaimanakah bentuk kolam-kolam renang di Indonesia?
4. Haruskah memakai perlengkapan berenang jika ingin berenang di Indonesia?
5. Apa kira-kira perbedaanya berenang di Indonesia dengan di negara anda?

◉• Kosakata

1. Pakaian renang / baju renang 수영복 ; 수영할 때에 입는 옷
2. Topi renang 수영모 ; 수영할 때 머리에 쓰는 모자
3. Kacamata renang 수영할 때 눈에 쓰는 안경
4. Tempat ganti pakaian 탈의실 ; 옷을 바꾸어 입기 위한 방
5. Loker 로커 ; 자물쇠가 달린 서랍이나 반닫이 따위를 이르는 말. 각자의 옷이나 소유물을 넣어 둘 수 있다.
6. Ban 타이어 ; 자동차, 자전거 따위의 바퀴 둘레에 끼우는 테
7. Pelampung 구명 조끼 ; 물에 빠져도 몸을 물 위에 떠 있게 하다.
8. Menyelam 잠수하다 ; 물 속으로 잠겨 들어가다.
9. Berenang 수영하다 ; 스포츠나 놀이로서 물 속을 헤엄치다.
10. Terpeleset 미끄러지다 ; 비탈지거나 미끄러운 곳에서 한 쪽으로 밀리어 나가거나 넘어지다.

⊙•Percakapan(1)

Suk Hyoen : Disini tidak apa-apa ya kalau tidak pakai topi renang dan kaca mata renang?

Ina : Iya tidak apa-apa. Lain dengan di Korea?

Suk Hyeon : Iya betul. Kalau di Korea sebelum memakai pakaian renang kita harus member-sihkan badan terlebih dahulu dan harus memakai topi dan kacamata renang.

Ina : Kalau disini bebas, hanya para atlit saja yang memakai topi dan kacamata re-nang.

Suk Hyeon : Tapi aku boleh pakai topi dan kacamata renang?

Ina : Tidak apa-apa. Cuek saja. Kamu kan orang asing pasti mereka bisa mengerti atau mungkin mereka malah mengira kamu adalah seorang atlit dan minta tan-da tanganmu ^^

Suk Hyeon : Baiklah kalau begitu.

숙현 : 여기에서 수영모자와 수영안경을 사용하지 않아도 괜찮은 거야?

이나 : 응, 괜찮아. 한국하고는 달라?

숙현 : 응 맞아. 한국에서는 수영모자를 쓰기 전에, 우리는 반드시 먼저 몸을 씻고, 그리고 모자와 수영안경을 사용해야 해.

이나 : 여기는 자유로워. 수영선수만 수영모자와 안경을 사용해.

숙현 : 그런데 나 수영모자하고 안경 써도 돼?

이나 : 괜찮아. 신경 쓰지마. 너는 외국인이잖아, 분명 그들은 이해할거야. 혹은 그들은 너를 수영선수라고 여겨서 네 싸인 요구할거야^^

숙현 : 좋아 그렇다면.

◉◦ Percakapan(2)

Ina	: Stop... stop... aduhh jangan disini... (Berteriak kebingungan)
Suk Hyeon	: Kenapa? (Suk Hyeon hanya memakai pakaian dalam)
Ina	: Jangan lepas baju disini. Pakai bajumu dulu, bawa baju renangmu terus ke sama ke kamar ganti. Tidak boleh ganti disini.
Suk Hyeon	: Kan sama-sama perempuan?
Ina	: Kamu tidak malu?
Suk Hyeon	: Malu kenapa? Kan sama-sama perempuan?
Ina	: Aduhh... (Kebingungan) Turuti saja kata-kataku. Tutupi dulu tubuhmu dengan handuk ini, ambil pakai-an renangmu terus kita pergi ke gamar ganti.
Suk Hyeon	: Tapi aku tidak terbiasa.
Ina	: Aku juga tidak terbiasa melihat kamu begini. (Akhirnya mereka berdua tertawa dan menuju ke ruang ganti)
Ina	: Lho kamu kok ikut-ikutan aku.
Suk Hyeon	: Katanya ke kamar ganti.
Ina	: Iya, tapi aku disini, kamu di kamar sebelahnya, bukan bersama-sama. Malu...
Suk Hyeon	: Aduh repotnya. Ina jahat... (Agak sedih dan cemberut)
Ina	: Maaf Suk Hyeon maaf...
Suk Hyeon	: Tidak apa-apa. Aku pura-pura sedih kok. Terimakasih ya sudah memperingati aku. Kalau aku ganti disana, nanti orang-orang bisa kebingungan... he... he

이나 : 멈춰, 멈춰. 아, 여기서는 안돼.(당황해서 소리침)

숙현 : 왜?(숙현은 속옷만 입고 있음)

이나 : 여기서 옷을 벗는 것은 안돼. 먼저 네 옷을 입고, 탈의실로 네 수영복을 가지고 와. 여기서 갈아입는 건 안돼.

숙현 : 같은 여자잖아.

이나 : 너 안 창피해?

숙현 : 왜 창피해? 같은 여자잖아?

이나 : 아이고…. (당황함). 내 말 들어. 이 수건으로 네 몸 먼저 가리고, 네 수영복 들고 우리 탈의실로 가자.

숙현 : 근데 나는 익숙하지 않아.

이나 : 나도 너 이런 거 보는 거 안 익숙해.(결국 그들 둘은 웃으면서 탈의실로 향함)

이나 : 어머, 너 계속 나 따라오네.

숙현 : 너가 탈의실로 가자며.

이나 : 응, 근데 나는 여기서, 너는 옆 실에서 갈아입자, 같이 말고. 창피해.

숙현 : 아, 복잡해. 이나 나빴어…. (약간 슬퍼서 뾰루퉁함)

이나 : 미안해 숙현, 미안.

숙현 : 괜찮아. 나 슬픈척 해본 거야. 고마워, 나에게 조언해줘서. 만약 내가 저기서 옷을 갈아 입었다면, 나중에 사람들이 당황했을 거야…. 하하.

◉ Kosakata Percakapan(1)

1. Lain 다른 것
2. Atlit 선수 ; 육상선수 ; 운동선수
3. Cuek 맘대로 하다 ; 멋대로 하다 ; 염두에 두지 않다 ; 무시하다
4. Kan 그렇지? ; 맞지? ; 안 그래? ; ～지요
5. Mengira 예상하다 ; 어림잡다 ; 생각하다 ; 추측하다

◉ Kosakata Percakapan(2)

1. Sama-sama 똑같은 것 ; 양쪽 측이 함께 ; 다 같이 ; 양쪽 측이 함께 ; 다 같이
2. Turuti (지시에) 응하다 ; 명령·법 등을) 따르다, 순종하다
3. Tutupi 덮다 ; −에 덮다 / 닫다
4. Handuk 수건, 타월
5. Terus 계속하다 ; 그리고 나서 ; 지속되다 ; −향해 곧장 가다
6. Aku tidak terbiasa 아직 익숙하지 않다
7. Menuju 대한 ; ～로 향하다
8. Ikut-ikutan (생각, 행동 등을) 다른 사람이 하는 대로 따라하다 ; (…의 뒤를) 따라 가다
9. Katanya (소문 등을) 듣다 ; (소문 등을) 듣다
10. Repotnya 복잡하다
11. Pura-pura …인 척하다, 가식적으로 행동하다 ; −체 하다 ; −사늉을 하다 ; 가장하다
12. Memperingati 기념하다 ; 축하하다 ; 을 기념하다 ; ～을 기리다
13. Kebingungan (사람이) 혼란스러워 하는 ; 혼돈스러운 상태 ; 우왕좌왕 상태

Berbagi Cerita

26

1. Masih seringkah anda bermain mainan tradisional?
2. Coba ceritakanlah tentang permainan tradisional negara anda dan negara-negara lain yang anda ketahui?
3. Apa bedanya permainan tradisional dengan Xbox, iPad game dan komputer game?

◉ Bacaan

Mainan Tradisional vs Komputer

Kenalkah anda dengan permainan tradisional negara anda? Masihkah bisa ditemui anak-anak memainkan permainan tradisional itu? Saya lahir pada tahun 1979. Masa-masa SD saya penuh dengan bermain, baik dengan teman sekolah, tetangga, ataupun saudara. Saya masih ingat dengan jelas jenis-jenis permainan yang saya sering lakukan sewaktu kecil. Kejar-kejaran, benteng-bentengan, dan gobak sodor adalah beberapa jenis permainan yang membutuhkan taktik ataupun strategi, baik perorangan maupun kelompok dan dibutuhkan ketangkasan. Ketiga jenis permainan ini tidak membutuhkan benda / mainan, jadi permainan ini secara tidak langsung mengolah daya imajinasi anak.

Beberapa jenis permainan tradisional yang lain adalah lompat tali, bola bekel, yoyo, gasing, dakon atau yang dikenal dengan sebutan congklak, dan engkrang. Permainan dakon atau congklak ini berupa *boardgame* yang terdapat beberapa cekungan dan biji yang terbuat dari kulit kerang ataupun plastik, permainan ini melatih anak untuk berpikir cerdik dan untuk menabung. Bola bekel ini seperti permainan Korea, 공기. Cara permainannya hampir sama, hanya saja diperlukan bola bekel dan biji-bijinya agak berlainan. Engkrang, alat permainan ini menyerupai tangga terbuat dari bambu. Dibutuhkah keseimbangan untuk memainkannya.

Sekarang sepertinya permainan komputer lebih digemari anak-anak, karena tentunya lebih bervariasi, berwarna-warni, dan berkelip-kelip. Hanya waktu 17 Agustus saja, permainan-permainan tradisional ini masih dimainkan untuk mengingat keberadaannya. Saya pribadi merasa beruntung masih bisa mengecap senangnya bermain lompat tali, dakon, kejar-kejaran, dan benteng-bentengan.

전통놀이 vs 컴퓨터

당신은 당신 국가의 전통놀이를 아십니까? 그 전통놀이를 하는 아이들을 아직 찾아볼 수 있나요? 저는 1979년에 태어나서 제 초등학교 시절은 학교 친구들, 이웃 혹은 형제들과 놀이를 했던 기억으로 가득 차 있습니다. 저는 아직 제가 어렸을 때 자주 행하던 놀이들을 기억하고 있습니다. 술래잡기, 벤뗑－벤뗑안, 고박 소도르는 개인으로 혹은 팀으로 하는, 테크닉과 전략뿐만 아니라 민첩함을 필요로 하는 놀이였습니다. 이 세 놀이 종류는 물건/장난감을 필요로 하지 않았고 그래서 이 놀이는 아이들의 상상력을 저해하는 방식이 아니었습니다.

다른 전통놀이 종류로는 줄넘기, 배겔 공, 요요, 팽이, 쫑끌락으로 불려지기도 하는 다꼰 그리고 엥끄랑이 있습니다. 다꼰 혹은 쫑끌락 놀이는 플라스틱 혹은 조개 껍질로 만들어진 주사위 몇 개를 가지고 하는 보드게임과 비슷한 형식이며, 이 놀이는 아이들이 머리를 발달시키고, 저축/저금을 하는 것을 훈련시키는 놀이입니다. 이 베겔 공은 한국의 공기와 비슷한 놀이입니다. 놀이 방식은 거의 같고, 단지 배겔 공과 공기 알만 약간 다릅니다. 엥끄랑의 놀이 도구는 대나무로 만든 계단과 같은 모양입니다. 그것을 다루면서 균형을 유지하는 것이 필요로 합니다.

지금 아이들에게는 컴퓨터 게임이 더 인기 있는 것 같습니다. 당연히 더 다양하고, 화려한 색감이 있으며 반짝거리기 때문입니다. 8월 17일에만, 이러한 전통놀이들이 존재하고 있음을 상기시키기 위하여 행해지는 것 같습니다. 저 개인적으로는 줄넘기, 다꼰, 술래잡기 그리고 벤뗑－벤뗑안과 같은 놀이들의 재미에 대해 이야기 할 수 있는 것을 행운으로 생각합니다.

◉•Kosakata Bacaan

※ Kejar-kejaran = ⟨-an⟩ 서로 뒤쫓다 ; (Kata Dasar = kejar : 뒤쫓다 ; 추적하다).

※ Benteng-bentengan = ⟨-an⟩ 요새 같은 거 ; (Kata Dasar = benteng : 요새).

※ Gobak sodor = 인도네시아의 전통적인 게임.

※ Taktik = 전략.

※ Perorangan = ⟨per-⟩ 개인적인 ; 하나의 ; (Kata Dasar = orang : 사람 ; 분) ; Contoh : Tugas itu untuk perorangan, bukan tim. 숙제는 개별 과제입니다, 팀 과제가 아닙니다.

※ Kelompok = 무리 ; (전문가, 성향, 사회계층 등) 단체.

※ Ketangkasan = ⟨ke-an⟩ 민첩함 ; 재빠름 ; (Kata Dasar = tangkas : 재빠르다 ; 민첩하다).

※ Mengolah = ⟨me-⟩ → (뭔가를 보다 완벽하게 혹은 다른 것을 만들게 위해) 작업하다 ; 노력하다 ; 가공하다 ; (Kata Dasar = olah : 태도 ; 방법) ; Contoh : Mesin itu kegunaannya untuk mengolah batu-batuan dengan semen. 저 기계의 기능은 돌을 시멘트로 가공하는 것이다.

✿ Daya imajinasi = 상상력 ; 창작력.

✿ Lompat tali = 깡충깡충[팔짝팔짝] 뛰다[뛰며 가다].

✿ Bola bekel = 인도네시아 전통 게임에 사용하는 공. 이 공은 작고 탄력 있다.

✿ Dakon = 인도네시아 어린이들의 구슬 게임 기구.

✿ Engkrang = 죽마.

✿ Cekungan = 〈-an〉 (어떤 물체 속의) 구멍 [빈 부분] ; (Kata Dasar = cekung : 면이 오목하다).

✿ Biji = = (과일, 곡물의) 씨 ; 씨앗.

✿ Kulit kerang = (조개 뚜껑 같은) 뚜껑이 달린.

✿ Keseimbangan = 〈ke-an〉 균형상태 ; (Kata Dasar = seimbang : 균형 잡히다 ; 대등하다) ; Contoh : Bagi pemain sirkus menjaga keseimbangan badan adalah yang paling utama. 서커스 단원에게, 균형을 유지하는 것은 매우 중요하다.

✿ Berwarna-warni = 〈ber-〉 다양한 색을 가지다 ; 여러 가지 색깔이 있다 ; (Kata Dasar = warna-warni : 다양한 색 ; 여러 종류의 색) ; Contoh : Donut buatan Ibu Tuti berwarna-warni. 투띠씨의 도넛들은 매우 형형색색이다.

✿ Berkelap-kelip = 〈ber-〉 반짝이다 ; (Kata Dasar = kelap-kelip : 반짝) ; Contoh : Bintang-bintang di langit berkelap-kelip dengan indahnya. 하늘의 별들은 아름답게 반짝거린다.

✿ Keberadaan = 〈ke-an〉 존재 ; 소유 ; (Kata Dasar = berada : 있다 ; 살다) ; Contoh : Keberadaannya masih diselidiki pihak kepolisian 그의 부모님을 아직까지 경찰에게 조사받고 있다.

✿ Mengecap = 〈me-〉 쩝쩝 소리를 내다 ; (Kata Dasar = kecap : 먹을 때의 입술 움직임 ; 쩝쩝거림) ; Contoh : Bapak Direktur sebenarnya tidak pernah mengecap pendidikan SMA. 사실, 이사님께서는 고등학교에 간 적이 없습니다.

◉ Pertanyaan-pertanyaan mengenai bacaan

1. Bagaimanakah masa-masa SD si penulis?

2. Coba sebutkan 3 macam permainan anak Indonesia yang aktif?

3. Coba sebutkan nama-nama alat mainan tradisional Indonesia?

4. Coba sebutkan alat mainan tradisional Indonesia yang seperti alat mainan tradisional Korea!

5. Apakah anak-anak zaman sekarang masih bermain mainan tradisional?

◉ Kosakata

1. Budaya 문화	7. Bersama-sama 함께
2. Main 놀다 ; 놀이하다	8. Berhenti 멈추다
3. Jujur 정직하다 ; 속이지 않다	9. Sekali lagi 다시 ; 한번 또
4. Curang 정직하지 않다 ; 부정하다	10. Menang 승리하다 ; 이기다
5. Suit 가위-바위-보 같은 게임	11. Kalah 지다 ; 패배하다
6. Tim 팀	

◉• Percakapan

Felia	: Da Jeong kemari. Ada yang mau aku tunjukin. ^^
Da Jeong	: Apa?... Ooohhh seperti 공기 (*geong gi*) ya
Felia	: 공기 (*geong gi*) ? Di Korea ada?
Da Jeong	: Iya sama persis. Tapi bentuknya hampir bulat-bulat dan berwarna-warni serta tidak ada bola.
Felia	: Ohh... waaahh cepat sekali
	Cepat sekali... aku tidak bisa seperti kamu
Da Jeong	: Coba... gampang kok.

펠리아 : 다정 이리 와봐. 보여줄 것이 있어. ^^

다　정 : 이게 뭔데?…. 아 공기 처럼 보이네요.

펠리아 : 공기? 한국에서 비슷한 것 있어요?

다　정 : 네 완전히 비슷한데요. 하지만 모양이 약간 동그랗게 보이고 여러가지 색깔 있고,

　　　　그런데 공이 사용하지 않다.

펠리아 : 와…매우 빠르다.

　　　　난 너처럼 이렇게 빠르면 못해.

다　정 : 해보세요…. 쉬운데..

Sawah

Berbagi Cerita

27

1. Apakah di negara anda terdapat banyak sawah?
2. Bagaimanakah bentuk sawah atau perkebunan di negara anda?

◎ Bacaan

Rempah-rempah

Indonesia adalah negara tropis yang subur. Begitu mudah untuk menanam tanaman dan tumbuhan. Dua musim yang dimiliki Indonesia ; musim panas dan musim penghujan membuat tanaman bertumbuh begitu saja. Beras, jagung, sayur-sayuran dan buah-buahan yang begitu beraneka ragam. Rempah-rempah seperti kunyit, lengkuas, cengkeh merupakan bahan penyedap masakan yang penting bagi makanan Indonesia. Selain untuk penyedap masakan, rempah-rempah juga digunakan untuk pengobatan. Oleh karena itu, tidak heran jika Belanda sampai pergi ke Maluku.

향신료

인도네시아는 비옥한 열대기후의 국가입니다. 작물과 식물을 심기에 매우 용이합니다. 인도네시아에는 두 계절이 있습니다 : 건기와 작물이 잘 자라게 해주는 우기입니다. 쌀, 옥수수, 채소와 과일이 매우 다양합니다. 심황, 홍두구, 정향과 같은 향신료는 인도네시아 요리에 있어서 매우 중요한 조미료입니다. 향신료는 조미료 기능 외에 약용으로도 사용됩니다. 그렇기 때문에, 네덜란드가 말루꾸까지 진출했다는 것은 놀랄만한 일이 아닙니다.

◈ Tropis = 열대 ; 적도를 중심으로 남북 회귀선 사이에 있는 지대.

◈ Menanam = 〈me-〉 ⋯-를 심다 ; (Kata Dasar = tanam : 심기).

◈ Tanaman = 〈-an〉 나무.

◈ Penghujan = 〈pe-〉 장마 ; (Kata Dasar = hujan : 비 ; 대기 중의 수증기가 높은 곳에서 찬 공기를 만나 식어서 엉기어 땅 위로 떨어지는 물방울).

◈ Sayur-sayuran = 〈-an〉 여러 가지 야채 ; (Kata Dasar = sayur : 야채).

◈ Buah-buahan = 〈-an〉 여러 가지 과일 ; (Kata Dasar = buah : 과일).
Rempah = 향신료.

◈ Kunyit = 터메릭 ; 강황 (생강과의 여러해 살이풀로, 이것의 노란색 가루는 카레 요리 등에 쓰임).

◈ Lengkuas = 양강근.

◈ Cengkeh = 정향 (열대성 정향나무의 꽃을 말린 것. 향신료로 씀).

◈ Penyedap masakan = 〈pe-〉 양념, 향신료 ; (Kata Dasar = sedap : 맛있다).

◈ Pengobatan = 〈pe-an〉 치료 ; (Kata Dasar = obat : 약).

◈ Oleh karena itu = 그렇기 때문에 / 그러한 이유로.

◉• Pertanyaan-pertanyaan mengenai bacaan

1. Apakah sulit untuk menanam tanaman di Indonesia? Jelaskan jawaban anda!

2. Di Indonesia ada berapa musim? Sebutkan musim-musim yang ada di Indonesia!

3. Mengapa Belanda sampai datang ke Maluku?

4. Apa kegunaan rempah-rempah?

5. Apakah anda ada hobi menanam tanaman atau bunga?

◉• Kosakata

1. Hijau 녹색
2. Luas 넓다
3. Sempit 좁다 ; 넓지 않다
4. Ladang 경작지 ; 밭
5. Sawah 논 ; 물을 대어 주로 벼를 심어 가꾸는 땅.
6. Kebun 농장 ; 농원
7. Irigasi 관개 ; 물을 끌어 들임
8. Pupuk 비료 ; 거름
9. Biji (과일, 곡물의) 씨 ; 씨앗
10. Masak 익다 ; 고기나 채소, 곡식 따위의 날것이 뜨거운 열을 받아 그 성질과 맛이 달라지다
11. Busuk 썩다 ; 유기물이 부패 세균에 의하여 분해됨으로써 원래의 성질을 잃어 나쁜 냄새가 나고 형체가 뭉개지는 상태가 되다.
12. Mentah 익지 않다 ; 덜 익다
13. Harum 향기롭다
14. Wangi 냄새가 좋다
15. Sehat 건강하다 ; 튼튼하다

 Percakapan

Pak Baek : Waahh sawah Bapak luas sekali...

Pak Dodi : Biasa saja Pak Baek.

Pak Baek : Ada ladang jagung, padi, dan Pak Dodi pun punya banyak ternak.

Pak Dodi : Saya memang suka dekat dengan alam.

Pak Baek : Orang tua saya di Korea juga punya kebun anggur.

Pak Dodi : Ooohhh anggur.

Pak Baek : Anggurnya ada yang dijual biasa dan ada yang diperas untuk dibuat minuman.

Pak Dodi : Ooo berarti anggur asli ya Pak Baek?

Pak Baek : Iya Pak Dodi. Jadi saya tahu betul perasaan Pak Dodi.

Pak Dodi : Memang kalau dekat dengan alam tidak ada rasa gelisah.

Pak Baek : Stres hilang. Kegalauan hati juga hilang...
(Pak Baek dan Pak Dodi... tertawa hahaha)

Pak Dodi : Mari minum teh hangat dahulu dan kita teruskan obrolannya sambil jalan-jalan.

Pak Baek : Mari Pak...

백　　씨 : 와, 선생님 논이 정말 넓네요.

도디 씨 : 보통이에요, 백 씨.

백　　씨 : 옥수수 밭, 벼, 그리고 가축들도 많이 있네요.

도디 씨 : 전 자연과 가까이 하는 걸 좋아해서요.

백　　씨 : 한국에 계신 저희 부모님도 포도농장을 갖고 계세요.

도디 씨 : 와, 포도요.

백　　씨 : 평범하게 그냥 판매되는 포도도 있고, 그리고 음료로 만들기 위한 압착용 포도
　　　　　도 있어요.

도디 씨 : 와, 그 말은 진짜 포도라는 거네요, 백 씨?

백　　씨 : 네 도디씨. 그래서 저는 도디 씨 기분을 잘 알아요.

도디 씨 : 정말 자연과 가까이하면 근심걱정이 없어요.

백　　씨 : 스트레스가 사라지죠. 마음의 복잡함도 사라지고요. (백 씨와 도디 씨는 웃음….
　　　　　하하)

도디 씨 : 우리 먼저 따뜻한 차 마셔요. 그리고 걸으면서 계속 이야기 나누죠.

백　　씨 : 가요, 도디 씨.

◉• Kosakata Percakapan

1. Ladang 평야 ; 경작지 ; 밭 ; 넓은 터전
2. Ternak 가축
3. Kebun 정원 ; 뜰 ; 정원 ; 논장 ; 농원
4. Diperas 〈di-〉 압착되다 ; (Kata Dasar peras : 압착 ; (특히 손가락으로 꼭) 짜다 ; (무엇에서 액체를) 짜내다)
5. Gelisah 고민 ; 불안하다 ; 심란하다
6. Stres 스트레스
7. Kegalauan 〈ke-an〉 소란 ; 복잡한 생각 (Kata Dasar Galau : 혼동 ; 생각이 복잡하다)
8. Obrolannya 〈-an〉 이야기 ; 수다 ; 한담 ; 잡담 ; 담소 ; (Kata Dasar Obrol : 이야기하다 ; 수다 떨다 ; 한담하다 ; 잡담하다 ; 담소하다)

Batik

28

Berbagi Cerita

1. Seringkah anda memakai pakaian tradisional? Dalam acara apakah anda memakai pakaian tradisional?
2. Inginkah anda mencoba pakaian tradisional negara lain?
3. Apakah Anda pernah mendengar tentang batik?

◉ Bacaan

Batik merupakan warisan seni budaya Indonesia, terutama daerah pulau Jawa. Batik Jawa mempunyai motif yang sangat beragam. Motif-motif itu bukan gambar asal-asalan, tetapi masing-masing motif mempunyai arti tersendiri. Pengaruh asing dari Belanda dan Cina membuat desain dan warna batik pun semakin beraneka ragam. Orang Belanda mempunyai kecenderungan menyukai warna biru dengan motif bunga, sedangkan orang Cina mempunyai kecenderungan menyukai warna-warna cerah.

Dahulu kala batik terbuat dari kapas, tetapi sekarang ini sutra dan bahan-bahan lain juga digunakan untuk pembuatan batik. Dibedakan menurut tekniknya ada 3 macam batik : (1) Batik Tulis. Proses ini dengan menggunakan tangan, prosesnya selama 2-3 bulan ; (2) Batik Cap. Proses ini dengan menggunakan tembaga, memakan waktu 2-3 hari ; (3). Batik Lukis. Melukis langsung pada kain putih.

Zaman sekarang batik tidak hanya dipakai pada acara-acara resmi, tetapi juga sehari-hari dan bukan hanya pakaian saja tetapi pernak-pernik lain. Motif batik juga diterapkan pada tas tangan wanita, dompet, tempat kartu nama, topi, selendang, dan bahkan jepit rambut. Batik sangat cocok sebagai oleh-oleh wisatawan, karena mencerminkan budaya Indonesia serta ringan dan kecil untuk dibawa ke luar negri.

위키페디아 바탕으로

바띡은 인도네시아, 특히 자바 섬 지역의 문화예술 유산이다. 자바 바띡은 매우 다양한 모티브를 가지고 있다. 그 모티브들은 단순히 그림에서 비롯한 것이 아니라, 각각의 의미를 가지고 있다. 네덜란드와 중국 등 외국의 영향으로 바띡 색상과 디자인을 더욱 다양하게 만들었다. 네덜란드인은 꽃 무늬와 파란색상을 좋아하는 경향이 있으며, 중국인은 밝고 다양한 색상을 좋아하는 경향이 있다.

옛날에는 면으로 바띡을 만들었지만, 지금은 실크와 다른 재료들이 바띡 제작을 하는 데 사용된다. 기술에 따라 3가지 종류의 바띡으로 나뉜다. 1. 바띡 뚤리스. 이 작업에서는 직접 손을 사용하여 제작하며, 그 과정은 2-3개월 소요된다. 2. 바띡 짭. 이 작업에서는 구리를 사용하며, 2~3일 정도 소요된다. 3. 바띡 루끼스. 흰 천에 바로 그림을 그리는 방식이다.

현재 바띡은 공식적인 자리에서만 입는 것이 아니라, 일상생활에서도 착용하며, 또한 의류 뿐만 아니라 다른 용도로도 사용된다. 바띡 모티브 또한 여성 핸드백, 지갑, 명함지갑, 모자, 아기띠, 머리끈에도 사용된다. 바띡은 외국 관광객들의 기념품으로 매우 적합하며, 이는 외국으로 가져가기에 가볍고, 인도네시아 문화를 보여주고 있기 때문에 그러하다.

✈ Warisan = 〈-an〉 유산 ; (Kata Dasar : Waris : 유산 상속인 ; 후사) ; Contoh : (1) Wayang merupakan warisan budaya kesenian bangsa Indonesia 웨이양은 인도네시아의 문화적 유적이다. (2) Dia adalah pewaris satu-satunya perusahaan itu. 그는 그 회사의 유일한 유언자이다.

✈ Motif = 주제.

✈ Asal-asalan = 〈-an〉 대충 ; 정확하지 않다 ; (Kata Dasar = asal : 부터 ; ..에서) ; Contoh : Jangan kerja asal-asalan, tidak baik. 열정없이 일하지 마십시오, 그것은 좋지 않습니다.

✈ Tersendiri = 〈ter-〉 별도의 ; (Kata Dasar = sendiri : 혼자 ; 홀로 ; 일일이 ; 하나하나) ; Contoh : Dia memang agak aneh, tetapi dia punya keunikan tersendiri. 그는 좀 이상하지만, 그만의 특별함이 있다.

✈ Pengaruh = 영향 ; 어떤 사물의 효과나 작용이 다른 것에 미치는 일.

✈ Beraneka ragam = 〈ber-〉 여러 가지 ; 다양하다 ; (Kata Dasar = aneka : 여러 가지 ; 다양하다).

✈ Kecenderungan = 〈ke-an〉 경향 ; (Kata Dasar = cenderung : 기울다 ; 비스듬하다) ; Contoh : Orang kidal biasanya cenderung menggunakan otak sebelah kiri. 왼손잡이들은 습관적으로 그들의 왼손을 사용한다.

✈ Pembuatan = 〈pe-an〉 제조 ; (Kata Dasar = buat : 만들다) ; Contoh : Proses pembuatan produk itu sederhana sekali. 생산과정은 매우 단순하다.

✈ Tembaga = 구리 ; 동.

✈ Zaman = 시대 ; 시기.

✈ Sehari-hari = 〈se-〉 매일 ; (Kata Dasar = hari-hari : 매일 ; 날마다) ; Contoh : Kata tersebut sering dipakai dalam percakapan sehari-hari. 그 표현은 일상적 대화에서 사용되어진다.

☜ Pernak-pernik = 다양하다 ; 형태가 작은 물건.

☜ Diterapkan = (Kata Dasar = terap : 적용하다 ; 응용하다) ; Contoh : Cara 'Silent Way' sering diterapkan di kelas Bahasa Inggris. '사일런트 웨이'는 종종 영어수업에서 사용되어진다..

☜ Selendang = 스카프 ; 목도리.

☜ Jepit rambut = 머리핀, 머리카락에 꽂는 핀.

☜ Oleh-oleh = 선물 ; 기념품.

☜ Wisatawan = ⟨-an⟩ 관광객 ; (Kata Dasar = wisata : 관광하다 ; 여행하다).

☜ Mencerminkan = ⟨me-kan⟩ 반영하다 ; 다른 것에 영향을 받아 어떤 현상을 나타내다 (Kata Dasar = cermin : 거울).

☜ Serta = 함께하다 ; 관여하다.

☜ Ringan = 무겁지 않다 ; 가볍다.

⊙ Pertanyaan-pertanyaan mengenai bacaan

1. Bagaimanakah motif batik?

2. Unsur-unsur apa saja yang mempengaruhi batik?

3. Coba jelaskan teknik-teknik pembuatan batik?

4. Kapan kita bisa memakai batik?

5. Apakah batik hanya berupa pakaian? Jelaskan jawaban anda!

Da Jeong ： Besok aku ada trip?
Lia ： Kemana?
Da Jeong ： Ke tempat pembuatan batik?
Lia ： Wah..pasti menarik ya.
Da Jeong ： Aku juga akan membuat batikku sendiri dan membeli beberapa batik untuk oleh-oleh.
Lia ： Kok tahu program seperti itu?
Da Jeong ： Dari tempat kursusku ^^

다정 : 내일은 여행 가야 돼요.
리아 : 어디 갈 건데요?
다정 : 바틱을 만드는 제조업체에 갈 거에요.
리아 : 와… 재미 있겠네요.
다정 : 가서 바틱을 만들고 기념품으로 바틱 몇 벌을 살거에요.
리아 : 이런 프로그램은 어떻게 알았어요?
다정 : 제 학원에서 들었어요.

Berbagi Cerita

29

1. Apakah anda pernah dengar tentang Bali? Apa yang anda dengar tentang Bali?
2. Jika anda pernah ke Bali, bisakah anda berbagi cerita tentang pengalaman anda di pulau dewata itu?

◉ Bacaan

Bali, sebuah pulau Indonesia yang sangat terkenal. Letaknya diantara pulau Jawa dan pulau Lombok dengan Denpasar sebagai ibukotanya. Menurut survei tahun 2010, populasi pulau Bali mencapai 3,891,000. Sebagian besar penduduknya adalah etnik Bali, kemudian etnik Jawa dan Madura. Total areanya adalah 5,632 km².

Bali terkenal dengan keindahan panoramanya. Bali selalu dipenuhi turis sepanjang tahun, baik turis luar negri maupun domestik berduyun-duyun mengunjungi Bali. Banyak pengantin baru maupun tua yang menikmati bulan madu di Bali. Orang-orang Bali terkenal keramah-tamahannya dan bakat mereka dalam olah raga dan kesenian. Berbagai ragam tarian dipertunjukkan, tidak hanya di tempat wisata dan panggung, bahkan hotel dan restoran. Semua tarian ini selain dari nenek moyang, juga dari kepercayaan pada agama Hindu.

Pulau Bali terkenal sebagai pulau Dewata, artinya bahwa kepercayaan masyarakat Bali yang mayoritas beragama Hindu, sangat mengagungkan dewa-dewinya. Candi-candi Bali dikenal juga sebagai Pura. Hindu mempunyai banyak hari-hari raya ; hari raya Galungan muncul setiap 210 hari, dirayakan selama 10 hari ; hari raya Nyepi, dirayakan setiap bulan Maret atau April ; dan kemudian ada hari raya Saraswati. Ketiga hari raya itu merupakan hari raya agama Hindu yang paling terkenal.

발리, 인도네시아의 매우 유명한 섬입니다. 자와섬과 롬복섬의 중간에 있으며 주도는 덴파사르입니다. 2010년의 조사에 따르면, 발리섬의 인구가 3,891,000명에 이른다고 합니다. 주민 대부분은 발리족이고, 그 다음은 자와족과 마두라족이다. 총 면적은 5,632km²입니다.

발리는 아름다운 경관으로 유명합니다. 발리는 연중 내내 발리로 모여드는 국내의 여행객들로 가득 찹니다. 신혼부부들 뿐만 아니라 노년의 부부들도 발리에서 허니문을 즐기는 사람이 많습니다. 발리 사람들은 친절하고 스포츠와 예술 방면에 소질이 있는 것으로 유명합니다. 다양한 종류의 춤은 관광지와 무대에서 뿐만 아니라 호텔과 레스토랑에서도 관람할 수 있습니다. 춤은 조상으로부터 전수받기도 했지만, 힌두교에 대한 믿음으로부터 온 것도 많습니다.

발리는 신들의 섬으로 유명한데, 이 의미는 다수의 발리 사람들이 힌두교를 믿는다는 것입니다. 힌두교는 신들을 매우 찬양합니다. 발리의 사원(Candi)은 뿌라(Pura)라고도 알려져 있습니다. 힌두교는 명절이 많습니다. 갈룽안(Galungan)절은 210일 마다 돌아오고, 10일동안 행사가 지속됩니다 ; 녜삐(Nyepi)는 매년 3월 혹은 4월에 거행됩니다 ; 그리고 사라스와티(Saraswati)절이 있습니다. 이 세 가지 명절은 힌두교에서 가장 유명한 명절입니다.

Kosakata Bacaan

Mencapai = 〈me-〉 ; (Kata Dasar = capai : 피곤하다 ; 손을 뻗어 잡으려하다 ; 목적 이루다) ; Contoh : Karena dagangannya laku keras, penghasilannya bulan ini mencapai 100 juta rupiah. 그의 사업은 매우 순탄하였기 때문에, 이번달 그의 수입은 일억 루피에 달하였다.

Etnik = 인종의 ; 민족 특유의

Berduyun-duyun = 〈ber-〉 떼를 지어 모여 ; 우르르 몰려 ; (Kata Dasar = duyun-duyun : 떼를 지어 모여 ; 우르르 몰려) ; Contoh : Banyak para penonton berduyun-duyun datang memenuhi stadion itu. 수백명의 구경꾼들이 왔다.

Pengantin baru = 신혼부부

Bulan madu = 노부부

Keramah-tamahan = 〈ke-an〉 점잖음 ; 사교적임 ; (Kata Dasar = ramah-tamah : 사람이 점잖은 ; 사교적인 ; 가족 인사 모임) ; Contoh : Keramah-tamahan pegawai universitas itu tidak akan pernah kulupakan. 저는 결코 그의 대학교의 근로자들의 친절을 잊지 못할 것입니다.

Panggung = 무대

Mengagungkan = 〈me-kan〉 …을 찬미하다 ; 칭송하다 ; (Kata Dasar = agung : 위대한 ; 고귀한)

Dewa-dewi = 신-여신

Candi = 힌두교 혹은 불교 사원

◉• Pertanyaan-pertanyaan mengenai bacaan

1. Dimana letak pulau Bali? Dan apa nama ibukotanya?
2. Suku-suku apa sajakah yang tinggal di Bali?
3. Bagaimanakah sifat orang Bali pada umumnya?
4. Bali juga terkenal sebagai pulau apakah?
5. Coba sebutkan beberapa hari raya agama Hindu?

◉• Kosakata

1. Pariwisata 관광
2. Wisatawan 관광객
3. Pemandu wisata 투어 가이드
4. Elok 보기가 아름다운
5. Indah 보기가 아름다운
6. Pura 힌두교 사원
7. Candi 힌두교 혹은 불교 사원
8. Perayaan 축하연
9. Tarian 춤
10. Pertunjukan 공연

Lombok

Berbagi Cerita

1. Pernahkah anda ke Lombok? Kalau belum pernah apakah anda ingin ke Lombok?
2. Tahukah anda lokasi pulau Lombok?

◉• Bacaan

Pulau Lombok adalah sebuah pulau di kepulauan Sunda Kecil atau Nusa Tenggara. Kota utama yang memegang peranan penting di pulau ini adalah kota Mataram. Sebelah selatan merupakan tanah yang subur sehingga jagung, padi, kopi, tembakau, dan kapas tumbuh subur di daerah ini. Bahasa Sasak merupakan bahasa yang digunakan sehari-hari karena sebagian besar penduduknya berasal dari suku Sasak. Bahasa kedua lainnya yang sering dipakai adalah bahasa Bali, dikarenakan letaknya yang senagt dekat dari Bali. Jumlah pemeluk agama Islam dan Hindu sangat banyak dibanding pemeluk agama-agama lainnya.

Lombok merupakan pulau yang sangat indah. Beberapa objek pariwisata yang indah diantaranya adalah pantai Sengigi, Gili Air, Gili Trawangan, Air Terjun Sendang Gile, Gili Nangu, Hutan Monyet Pusuk, Taman Narmada, Taman Mayura, Gunung Rinjani, dan masih banyak gunung, taman, dan pantai yang terbentang di seluruh pelosok Lombok. Lebih asyiknya lagi anda dapat menggunakan alat transportasi Cidomo untuk berjalan-jalan. Cidomo merupakan kereta kuda. Anda akan merasa seperti *Cinderella* versi Indonesia ^^

롬복섬은 소순다열도 혹은 다른 이름인 누사 떵가라에 있는 하나의 섬입니다. 이 섬에서 중요한 역할을 담당하고 있는 주요 도시는 마따람입니다. 남쪽은 비옥한 토양이라 옥수수, 벼, 커피, 담배, 그리고 목화가 잘 자랍니다. 사삭(Sasak)어는 일상에서 사용되는 언어입니다. 왜냐하면 많은 주민들이 사삭족 출신이기 때문입니다. 두 번째로 자주 쓰이는 언어는 발리어이고, 이는 발리와 매우 가까운 위치에 있기 때문입니다. 다른 종교에 비해서 이슬람교와 힌두교를 믿는 사람들의 수가 매우 많습니다.

롬복은 매우 아름다운 섬입니다. 아름다운 관광지 중 몇몇을 꼽자면 승이기(Sengigi)해변, 길리 아이르(Gili Air), 길리 뜨라왕안(Gili Trawangan), 슨당길레(Sendang Gile) 폭포, 길리 낭우(Gili Nangu), 뿌삭(Pusuk) 원숭이 숲, 나르마다(Narmada) 공원, 마유라(Mayura) 공원, 린자니(Rinjani)산, 그리고 그 외의 많은 산, 공원 그리고 롬복 곳곳에 펼쳐진 해변입니다. 더 재미있는 것은 당신이 둘러보는데 찌도모(Cidomo)라는 교통수단을 이용할 수 있다는 점입니다. 찌도모는 마차입니다. 당신은 인도네시아 버전의 신데렐라가 된 듯한 느낌을 받을 것입니다.

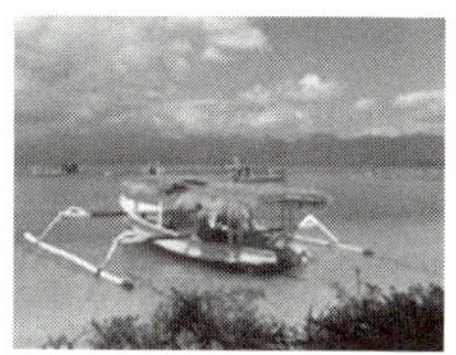

◉· Kosakata Bacaan

◈ Memegang = 〈me-〉 잡다 ; 쥐다 ; 붙잡다 ; (Kata Dasar = pegang : 붙잡다 ; 집착하다 ; 고수하다) ; Contoh : Ia memegang peranan yang penting dalam projek ini. 그는 이 프로젝트에서 결정적인 역할을 맡았다.

◈ Peranan = 〈-an〉 역할 ; 기능 ; 직무 ; (Kata Dasar = peran : 인물 ; 기능 ; 직무) ; Contoh : Peranannya dalam drama ini adalah sebagai ibu tiri yang jahat. 이 드라마 영화에서 그의 역할은 의붓어머니이다.

◈ Subur = 옥수수.

◈ Tembakau = 잎담배.

◈ Kapas = 목화 나무.

◈ Tumbuh = 자라다 ; 나타나.

◈ Objek pariwisata = 관광 명소.

◈ Terbentang = 〈ter-〉 (논, 하늘 등이) 넓게 펼쳐치다 ; 쭉 뻗어 있다 ; (Kata Dasar = bentang : 펼쳐져 있다) ; Contoh : Kepulauan Indonesia terbentang dari Sabang sampai Merauke. 인도네시아의 섬들은 사방에서 머라우케까지 펼쳐져 있다.

◈ Pelosok = 외딴곳 ; 오지.

◈ Versi = 버전 ; 유형.

◉ Pertanyaan-pertanyaan mengenai bacaan

1. Apa nama kota yang memegang peranan penting di pulau Lombok ini?
2. Apa jenis tanaman/tumbuhan yang bisa tumbuh subur di pulau Lombok?
3. Sehari-hari penduduk pulau ini berkomunikasi menggunakan bahasa apa?
4. Coba sebutkan obyek wisata pulau ini?
5. Apa itu Cidomo?

◉ Kosakata

1. Berjalan-jalan 산보하다
2. Indah 아름답다
3. Menakjubkan 놀라게 하다 ; 경악하다
4. Permai 훌륭하다 ; 예쁘다 ; 아름답다
5. Turis 관광객 ; 관광하러 다니는 사람

Berbagi Cerita

31

1. Apa yang anda tahu mengenai Sumatra?
2. Apa hasil kekayaan alam Sumatra?

◎•Bacaan

Sumber : Wikipedia

Sumatera adalah salah satu pulau terbesar di Indonesia, diantara 4 pulau lainnya. Pulau Sumatera merupakan pulau ke-6 terbesar di dunia dengan luas 473,481km^2 dengan populasi sebesar 50,365,538 juta manusia. Terletak di sebelah barat Indonesia, kota terbesar adalah kota Medan. Kebanyakan penduduknya adalah pemeluk agama Islam.

Sumatera sangat terkenal oleh kekayaan alam dan hutannya. Kertas, karet, minyak, emas dan batu bara merupakan kekayaan alam pulau Sumatera. Hutan yang dihuni satwa yang begitu mengagumkan menjadikan Sumatera sebagai tujuan wisatawan. Orangutan, badak Sumatera, gajah, tapir, beruang, kelinci, dan harimau begitu memikat para wisatawan terutama yang suka berpetualangan. Disamping itu para turis juga bisa menyelam, berlayar menikmati keindahan laut pulau Sumatera dan mendaki gunung.

수마트라는 인도네시아에서 가장 큰 4개의 섬 중 하나입니다. 수마트라섬은 세계에서 6번째로 큰 섬이며 넓이는 473,481km²이고 인구는 50,365,538명입니다. 인도네시아 서쪽에 위치해 있으며 가장 큰 도시는 메단입니다. 대부분의 주민들은 이슬람교를 믿습니다.

수마트라는 천연자원과 산림으로 매우 유명합니다. 종이, 고무, 오일, 금, 그리고 석탄은 수마트라의 천연자원입니다. 희귀동물이 살고 있는 숲은 매우 경이로워서 수마트라를 관광지로 만들었습니다. 오랑우탄, 수마트라 코뿔소, 코끼리, 테이퍼(맥), 곰, 토끼 그리고 호랑이는 관광객들을 사로잡습니다. 특히 모험을 좋아하는 사람들은 더욱 그렇습니다. 그 외에도, 관광객들은 잠수를 할 수도 있고, 배를 타고 수마트라 바다의 아름다움을 만끽할 수도 있고, 등산을 할 수도 있습니다.

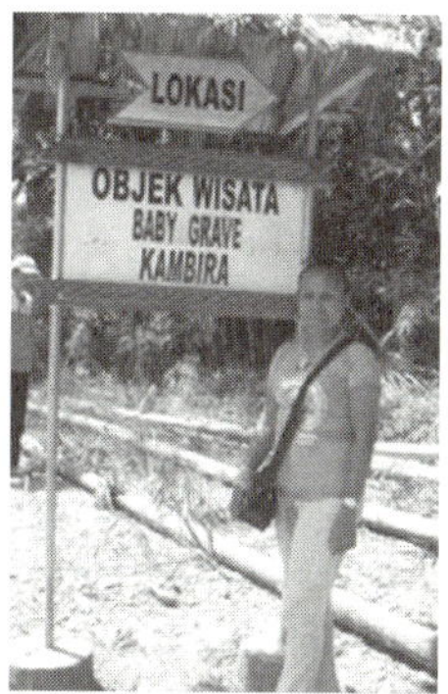

◎• Kosakata Bacaan

◈ Luas = 넓다.

◈ Sebesar = 〈se-〉 ～만큼 크다 ; (kata Dasar = besar : 크다) ; Contoh : Kelinci itu terlalu gemuk sampai tubuhnya sebesar babi. 저 토끼는 너무 뚱뚱합니다 몸이 돼지만큼 크군요.

◈ Kebanyakan = 〈ke-an〉 대부분 ; 대다수 ; (Kata Dasar = banyak : 많다 ; 수효나 분량, 정도 따위가 일정한 기준을 넘다).

◈ Hutan = 삼림 ; 나무가 많이 우거진 숲. 천연림, 시업림, 단순림, 혼효림 따위가 있다.

◈ Kertas = 종이.

◈ Karet = 고무 ; 고무나무의 껍질에서 분비하는 액체를 응고시켜 만든 생고무를 주원료로 하는 물질.

◈ Minyak = 기름 ; 지방 ; 유.

◈ Emas = 금 ; 황색의 광택이 있는 금속 원소.

◈ Batubara = 석탄.

◈ Huni = 살고 있다 ; 거주하고 있다.

◈ Mengagumkan = 〈me-kan〉 ～를 놀라게 하다 ; ～를 탄복시키다(Kata Dasar = kagum : 감탄스럽다 ; 황홀하다 ; 놀랍다).

◈ Menjadikan = 〈me-kan〉 ～이 되게 하다 ; (Kata Dasar = jadi : ~가 되다 ; 취소되지 않다).

◈ Tujuan = 방향 ; 노선.

◈ Badak = 코뿔소.

◈ Tapir = 코가 뾰족한 돼지 비슷하게 생긴 동물.

ⓒ Beruang = (동물)곰.

ⓒ Kelinci = 토끼

ⓒ Harimau = 호랑이

ⓒ Memikat = 〈me-〉 마음을 끌다 ; 유혹하다 ; (Kata Dasar = pikat : 마음을 끌다 ; 유혹하다)

ⓒ Berpetualangan = 〈ber-an〉 (Kata Dasar = petualang : 모험가 ; 모험을 즐기거나 자주 하는 사람)

ⓒ Disamping = 옆에

ⓒ Mendaki = 〈me-〉 운동, 놀이, 탐험 따위의 목적으로 산에 오르다 ; (Kata Dasar = daki : 등산하다)

◉ Pertanyaan-pertanyaan mengenai bacaan

1. Pulau Sumatera merupakan pulau terbesar ke berapa di dunia?

2. Bagaimana populasi pulau Sumatera?

3. Apa nama kota terbesar di Sumatera?

4. Apa kekayaan alam pulau Sumatera?

5. Hewan-hewan apa sajakah yang hidup di pulau ini?

Berbagi Cerita

1. Apa yang dengar tentang Papua? Dan orang Papua?
2. Tahukah anda lokasi Papua? Apakah anda pintar membaca peta?

32

◉ Bacaan

Sumber : Wikipedia

Anda tahu bahwa provinsi yang paling luas di Indonesia adalah provinsi Papua. Provinsi ini terletak di timur dan berbatasan langsung dengan negara Papua New Guinea, diapit oleh samudra Indonesia dan samudra Pasifik. Luasnya sekitar 410,660 km2 yang mana hampir 80% wilayahnya masih tertutup dengan hutan belantara.

Di Papua ada berbagai suku yang mempunyai bahasa, adat istiadat, rumah adat, dan lainnya. Kira-kira ada 250 macam suku di provinsi ini. Seperti halnya beberapa suku atau daerah di Indonesia, provinsi Papua ini memiliki tingkatan sosial yang dibedakan menurut kekayaan dan keturunan.

'Flora Fauna' kata lain dari tumbuh-tumbuhan atau tanaman dan hewan. Di provinsi ini terdapat begitu banyak tanaman dan hewan yang untuk seperti anggrek, burung cendrawasih, kakatua, kus-kus dan kangguru. Saya pribadi pernah membawa rombongan tari dari Papua ke Korea untuk menyemarakan suatu festival di Daejeon. Itu merupakan pengalaman unik saya bertemu dengan orang Papua untuk pertama kalinya. Mereka begitu unik sehingga sulit saya percayai bahwa mereka orang Indonesia, menurut saya seperti orang Meksiko Amerika.

파푸아

당신은 인도네시아에서 가장 넓은 주가 파푸아주라는 것을 알고 있습니까? 이 주는 동쪽에 위치해 있고 파푸아 뉴기니와 바로 국경에 있으며, 인도네시아양과 태평양 사이에 끼어 있습니다. 넓이는 410,660km^{2}이며 거의 80%의 지역이 여전히 빽빽한 밀림으로 덮여 있습니다.

파푸아에는 각각의 언어, 관습, 전통가옥 등을 가진 다양한 종족들이 살고 있습니다. 대략 250가지 종류의 종족이 이 주에 거주하고 있습니다. 인도네시아의 일부 종족 및 지역에서처럼 파푸아주는 부와 혈통에 따라 다른 사회 계급을 가집니다.

'Flora Fauna'는 동식물의 다른 말입니다. 이 주에서는 난, 극락조, 앵무새, 슬로 로리스 (slow loris), 그리고 캥거루와 같은 매우 많은 식물과 동물이 발견됩니다. 개인적으로, 저는 대전의 한 축제에 참가하기 위해 한국에 온 파푸아 출신 무용팀을 인솔한 적이 있었습니다. 그것은 저에게 있어서 처음으로 파푸아 사람을 만날 수 있었던 특이한 경험이었습니다. 얼마나 특이한지 그들이 인도네시아인이라는 것을 믿기 힘들 정도였습니다. 제가 보기에, 그들은 멕시코 아메리카인과 비슷한 모습이었습니다.

◉ Kosakata Bacaan

◈ Berbatasan = 〈ber-〉 인접하다 ; (Kata Dasar = batas : 경계).

◈ Diapit = 〈di-〉 사이에 두고 있다 ; (Kata Dasar = apit : 가운데 껴있는 사람 혹은 물건).

◈ Samudra = 대양 ; 큰 바다.

◈ Hutan Belantara = 정글 ; 밀림.

◈ Kekayaan = 〈ke-an〉 부유함 ; 풍성함 ; (Kata Dasar = kaya : 부유하다 ; 재력이 있다).

◈ Keturunan = 〈ke-an〉 후손 ; 자손 ; (Kata Dasar = turun : 내려가다 ; 내려오다).

◈ Flora = 식물계 ; 식물군.

◈ Fauna = 동물계 ; 동물군.

◈ Anggrek = 난초.

◈ Cendrawasih = 극락조.

◈ Kakatua = 앵무새의 일종.

◈ Kus-kus = 긴털족제비.

◈ Kangguru = 캥거루.

◈ Rombongan = 〈-an〉 단체 ; 집단 ; 무리 ; (Kata Dasar = rombong : 단체를 이루다 ; 집단을 이루다).

◈ Menyemarakan = 〈me-an〉 활기 있게 만들다 ; 분위기를 살리다 ; (Kata Dasar = semarak : 빛 ; 광택) ; Contoh : Mari kita datang untuk menyemarakan festival memasak ini. 오셔서 요리 축제를 지원해 주세요!

◉• Pertanyaan-pertanyaan mengenai bacaan

1. Dimanakah letak provinsi Papua?
2. Orang Papua biasanya menganut agama apa?
3. Bagaimana keadaan wilayah provinsi Papua?
4. Bagaimanakah keadaan flora dan fauna provinsi Papua?
5. Bagaimanakah pendapat si penulis tentang orang Papua?

◉• Kosakata

1. Penduduk 인구
2. Masyarakat 사회
3. Tetangga 이웃 ; 나란히 또는 가까이 있

어서 경계가 서로 붙어 있음
4. Keharmonisan 조화
5. Gotong royong 상부상조하다

Suku Toraja

33

Berbagi Cerita

1. Apa yang anda ke tahui tentang Toraja?
2. Tahukah anda tentang lokasi Toraja? Inginkah anda menunjunginya?

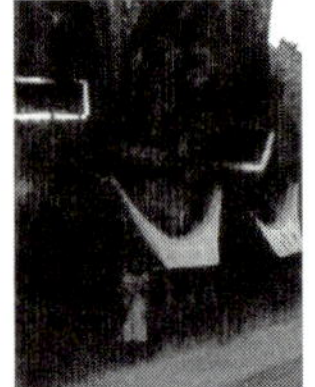

◉ Bacaan

Suku Toraja merupakan sebuah suku yang menetap di Sulawesi Selatan. Populasi suku Toraja ini sekitar 1 juta. Mereka kebanyakan adalah pemeluk agama Kristen, dengan sebagian kecil memeluk agama Islam. Asal usul nama Toraja diberikan oleh Belanda pada tahun 1909. Suku Toraja ini sangat terkenal dengan ritual pemakaman, rumah adat dan ukir-ukirannya. Banyak film tentang cara hidup suku Toraja, hal ini juga menjadi suatu daya tarik pariwisata. Selain itu Tana Toraja yang merupakan panggilan daerah pemukiman suku Toraja ini sangat terkenal dengan rempah-rempahnya seperti padi, bambu, dan kopi.

Suku Toraja mempunyai tiga tingkat kelas sosial : bangsawan, orang biasa dan budak. Lelaki suku Toraja tidak diperbolehkan untuk menikah dengan wanita yang kelas sosialnya lebih rendah daripadanya, akan tetapi sangat dianjurkan untuk menikah dengan wanita yang kelas sosialnya lebih tinggi. Masakan tradisional suku Toraja yang sangat terkenal adalah nasi, daging babi atau daging ayam dan sayur-sayuran yang semua dimasukkan ke dalam bambu bersama bumbu-bumbu dan kemudian dibakar diatas api secara tradisional.

또라자족은 술라웨시 남부에 살고 있는 종족 중 하나입니다. 또라자족의 인구는 약 1백만 명입니다. 그들 중 대부분은 기독교를 믿고, 소수는 이슬람교를 믿습니다. 또라자라는 이름은 1909년 네덜란드에 의해 지어진 것입니다. 이 또라자족은 장례식, 전통가옥, 그리고 조각품으로 유명합니다. 또라자족이 사는 방식에 대해 다룬 영화가 많은데, 이러한 또한 관광지로서의 매력이 되었습니다. 그 외에도, '따나 또라자'는 또라자족이 사는 곳이라는 명칭으로, 벼, 대나무, 그리고 커피와 같은 향료로 매우 유명합니다.

또라자족은 세 단계의 사회 계급을 가지고 있습니다 : 귀족, 평민, 그리고 노예입니다. 또라자족의 남자는 더 낮은 계급의 여성과 결혼하는 것이 허용되지 않습니다. 그러나 더 높은 계급의 여성과의 결혼은 매우 권장됩니다. 잘 알려진 또라자족의 전통요리는 쌀밥, 돼지고기, 혹은 닭고기, 그리고 여러 가지 야채를 양념과 모두 함께 대나무 속에 넣고 전통방식에 따라 불 위에서 굽는 요리입니다.

◎ Kosakata Bacaan

- ㉿ Menetap = ⟨me-⟩ 정착하다 ; (Kata Dasar = tetap : (위치, 가주지 등이) 고정된 ; 정착된) ;
  Contoh : Ia sudah pindah dan menetap di Amerika. 그는 미국으로 이사 가서 살고 있다.

- ㉿ Asal usul = 혈통 ; 족보.

- ㉿ Ritual = (종교적) 의식의 ; 제식의.
  ⟨pe-an⟩ 묘지 ; 공동묘지 ; (Kata Dasar = makam : 매장 ; 장례).

- ㉿ Rumah adat = 어떤 지방의 전통 집.

- ㉿ Ukir-ukiran = ⟨-an⟩ 여러 가지 조각 ; (Kata Dasar = ukir : 조각 ; 재료를 새기거나 깎아서 입체 형상을 만듦. 또는 그런 미술 분야. 주로 나무, 돌, 금속 따위로 만든다).

- ㉿ Panggilan = ⟨-an⟩ 소환 ; 초청 ; (Kata Dasar = panggil : 부르다 ; 소환하다) ;
  Contoh : Mempunyai suami polisi tidak mudah karena sering harus dinas bila ada panggilan darurat. 경찰인 남편을 두는 것은 쉬운일이 아닙니다, 왜냐하면 종종 긴급전화가 있을 때마다 출동해야 하거든요.

- ㉿ Pemukiman = ⟨pe-an⟩ 정착시킴 / 방법 / 과정(Kata Dasar = mukim : 거주지 ; 체재지).

◉ Rempah-rempah = 여러 종류의 향신료.

◉ Bambu = 양념.

◉ Kelas sosial = 사회 계급 [계층].

◉ Bangsawan = 양반.

◉ Budak = 노예 ; 하인.

◉ Dianjurkan = 제안되다 ; (Kata Dasar = anjur : 제시하다 ; 제안하다).

◉ Bumbu = 양념.

◉ Dibakar = 전소되다 ; (Kata Dasar = bakar : 태우다 ; 연소시키다).

◉• Pertanyaan-pertanyaan mengenai bacaan

1. Dimanakah suku Toraja tinggal? Darimanakah asal usul nama suku Toraja ini?
2. Bagaimana jumlah populasi suku Toraja?
3. Rempah-rempah apa yang tumbuh subur di Tana Toraja?
4. Suku Toraja terkenal akan apa saja?
5. Apakah suku Toraja memiliki kelas sosial? Jelaskan jawaban anda!

◉• Kosakata

1. Suku 종족
2. Khusus 특별한 ; 특수한
3. Turis 관광객 ; 관광하러 다니는 사람
4. Devisa 외환
5. Pendapatan 수입 ; 소득
6. Unik 유일하다 ; 독특하다
7. Berbeda 다르다 ; 차이가 있다